寂境

靈鷲山行旅圖鑑

目錄

Contents

4	序｜寂境
6	推薦序｜接近終極群落的圓滿世界
10	行道雲起處——望風向海，在一座山裡窺見宇宙
14	心道法師早年修行地圖——從宜蘭到福隆
16	法華洞
20	祖師殿
24	開山聖殿
50	四大名山
54	五百羅漢羅漢步道
60	地藏道場
68	普賢道場
76	文殊道場
82	十一面觀音道場

92	多羅觀音道場
114	天眼門
124	阿育王柱
134	十二因緣圖
138	聞喜之堂 財寶宮殿
150	華藏海
168	聖摩訶菩提樹
172	金佛殿
212	福城
222	緣起一場華嚴進行式——發心後記
224	聖山導覽圖
226	聖山行旅

序

寂境

這是一本山上的故事書,希望大家可以放心、放鬆來一趟按圖索驥,慢慢親近這座山,感受它、聆聽它、覺知它。

這一座山蠻靈感的,會度很多人,就是一座聖山。我就是從這裡一步一步走出來的,四十年前,我到苳蘭山閉關斷食,很辛苦,這裡荒山一片,什麼都沒有,只有前山仙公廟、普陀岩。剛開始就借住在普陀岩山洞,看管仙公廟的詹廟祝、福隆當地耆老,還有後來把聖山寺捐給我的吳春泉老先生,都跟我說這座山地理很奇、很靈。

出關後,一切從零開始。靈鷲山團隊也是從這裡緣起出發籌設世界宗教博物館,再後水陸法會的因緣也成熟了,三乘傳承法脈都到了,這一步一腳印,都應驗觀音的啟示,也是來自坐禪的力量。

禪,就是心和平,然後就要把和平的基因延伸出去、複製出去,這就是靈鷲山實踐的生命和平大學習。

宗教博物館的理念「百千法門,同歸方寸」,也是禪。宗博的願力是從「尊重宗教、包容族群」,然後「博愛生命」是宗教共同的目標,就是用宗博做平臺來連結宗教一起推動「博愛生命」的使命。宗

博還做不夠,還要進一步用「生命和平大學」,講「靈性生態、生命和平」。

現在世界這麼多焦煎苦難,生態危機、物種滅絕,大家都在找原因,問為什麼?都是我們自己搞出來的,怎麼辦?與其慨嘆、無可奈何,是不是大家都有反省到一切問題的發生;是不是都看到「靈性」的希望,相信「轉識成智」的解方,「識」要轉,「識」就是物理,轉識成智才能轉危為安。

和平要從心開始,心和平,世界才會和平;找回「靈性」,從生命共同體出發「相依共存、互濟共生」,才是地球和平的文明進程。回頭看可以說,我的生命是為了和平而來,這也是靈鷲山一直在做的任務。

希望大家來山走走,都能種一顆菩提的種子,得到一份法喜,一起發現靈性之美,一起散發慈悲與和平,來共振地球的平安。

靈鷲山無生道場開山和尚

推薦序
接近終極群落的圓滿世界

年輕時有天睡眠中突然醒來，自問：如果現在死了，有什麼未了事？我拿出紙筆，想要記下我欠誰人什麼。思索了老半天，寫不出一個字，因為，能還的不重要，重要的還不了，其中，對於生我、養我、育我的這片土地生界，乃至地球母親，我有何回饋？想起蘇格拉底飲下毒杯，臨終交代的話，是囑咐人替他還給欠鄰居的一隻雞！我能還給臺灣、地球什麼？

慷慨激昂，自認為可以為臺灣生界存亡，犧牲臭皮囊也在所不惜的時代，有次在反核的講臺上，我劇烈地說出：我們，是臺灣人的好子孫嗎？我們，是臺灣人的好祖先嗎？反核，就是要回答這個命題。其實，每個地球人，有時候何嘗不該深自省思：我是地球生命的好子孫？我是地球生命的好祖先？

世間因緣奇妙，1981年我調查鹽寮、澳底及福隆植被生態時，面對雪山山脈拔海而出的第一道山頭荖蘭山（今之靈鷲山）時，只道是歷盡開發浪潮之後的芒草坡及次生林，不料，2021年我首度與心道法師見面時，他帶著我登臨舍利塔，俯瞰大洋時，他簡單幾句話語，道盡對海洋水族的無限悲憫，其實，他根本不需要語言，我光從他眼角餘光，即可照見天地之心。我不假思索，承繼了靈鷲山40年的善緣，展開植群的調查。

從山頂到溪谷，環繞靈鷲山四個象限的樣區調查暨生態相關的鉅細檢視之後，我才確定荖蘭山在不到40年的時程，脫胎換骨，成就了靈鷲山的楠海世界，更且，極小化的人工建物，大抵沿著石壁岩山而設，留給眾生最大的福地，邁向終極型的山林生態系，而十一面觀音、天眼門、多羅觀音、大殿暨祖師殿、臥佛區等等，其所設置的山林地點，誠所謂天造地設，恰如其分，特別是臥佛區的紅楠社會的地理，叫我第一步登臨時，不由自主地喊出：啊！這就是山林的阿賴耶識區呀！

　　太陽年周期在南、北回歸線擺動，不同緯度承接的太陽能有個總量定數，夥同其他地形地勢、洋流季風等等，共構出地球上不同地理區可資發展出的，最大能源（太陽光能）利用、最大生物多樣性、最完整的元素循環網、最多生態區位（ecological niche）的分化與相依相存、最複雜的動態共生合作網，還有更多現今科學語言無法精準敘述的有形、無形的機制及奧妙，總成各個地理區或生態系所能發展出的，最圓滿的生界，是謂終極群落。

　　自然界各地區存有潛在、近乎永恆的勢能，讓眾生及環境和諧地朝向終極群落發展，在植物生態方面，叫做「演替」，以臺灣為例，海拔愈高，演替的速率愈遲緩，例如合歡山絕大部分的玉山箭竹高地

草原，原本多是臺灣冷杉的純林，經由多次火燒、山崩等，形成現今的草原相，經調查研究後得知，假設不再有人為干擾，預估大約需要2,500～3,000年才能恢復臺灣冷杉原始林。

而海拔愈低，演替速率愈快，在低山平地或海岸，依我一生研究調查將近50年的經驗，大致40～50年可以發展出接近原始林或該特定地區的終極群落。

臺灣東北角低山群，以每年東北季風雨霧的氣候區，配合向海、背海坡面，土壤化育的不等程度，其終極群落在山系向海的中、上坡段正是上次冰河時期結束前，來自琉球、日本的紅楠森林社會；中、下坡段則是大葉楠森林社會。而背海面的中、上坡段的終極群落是「長尾栲──錐果櫟社會」，也就是櫟林，加上山頂、稜線的陽性小喬木林等。然而，就全山系而言，以最大面積、最符合地理區的生態系而論，毫無疑問，靈鷲山最圓滿的山林就是紅楠、大葉楠、香楠為主要的「楠海世界」。

心道法師自從到了靈鷲山閉關坐禪，內溯心性根源，連結十方生界、法界，不僅輕易地從「人心惟危、道心惟微、惟精惟一，允執厥中」的世間法出離，進而透徹萬有根源，從而在弘法的次第中，先是籌建「世界宗教博物館」，繼而揭櫫「靈性生態」、規劃「世界和平大學」的人性改造藍圖。

心道法師以最簡約的字眼喚醒世人,例如「多元共生、互濟共存」、「尊重、包容、博愛」等等,在「靈性生態、生態靈性」的呼籲底蘊,正是修行人觀見自然生界背後的永恆或潛在的勢能,其實也是天文、地文、生文、人文的同體共構,他了然且示現萬法同歸方寸,依尋常話說,我們如何對待地球環境、自然生界,等同於我們如何面對自己的良知、後代子孫或前世、來世。

　　心道法師畢生救渡世人、人心,示現同體大悲最具體的實踐,依我體悟,正是無生道場靈鷲山的總本山,接近終極群落、楠海世界的圓滿境界。世人一旦跨入靈鷲山的場域,立刻可以感受截然不同於一般寺院的氛圍,就在於心道法師40年呵護下,千千萬萬的本地草木、生靈得以自由自在,循著造化勢能,發展向終極群落的示現。

　　人們到了靈鷲山,接受到萬物、十方眾生靈無形的加持,啟發了人人本自具足的法性根源,配合本書詳實、簡約的人文解說,足以感受何謂法喜矣!

教授、作家、臺灣生態運動教父

行道雲起處
望風向海,在一座山裡窺見宇宙

臺灣生態學者陳玉峰教授在2021年11月完成的《靈鷲山植物生態報告——生文護法的音聲》調查報告中說，靈鷲山的地理特徵有三：一、臺灣西部東北角的極限地。二、東北季風雨霧首當其衝。三、雪山山脈陸海交界的第一座山頭。

他說：「西北臺的雪山山脈向東北遞降，經隆隆山（432公尺），終之於三貂角、洋寮鼻（馬頭鼻）兩個觸角般的突起入海，隆隆山朝正北方微偏西下走，經隆隆古道的小山鞍，再突出一座小山苳蘭山，成為面海第一座山頭，從北濱公路福隆前後眺望，是個地形、地勢顯著的地標。……苳蘭山距海岸北向直線約1公里餘，是面海第一道主山稜，故而東北季風強勁，它的北稜由海拔380公尺緩降，到了350公尺等高線急降為巨大近乎垂直的母岩地層（石頭山的地壘狀），直降約20公尺落差之下，即『開山大殿』所在。也就是說，心道和尚在此山，背倚苳蘭山，向海迎向最強季風雨霧的洗禮淬煉，我觀受其發大願之天地人合一的浩大魄力與願力，直承山海格局，邁向全球普天之下。」

「本報告與其說是植被調查，不如說是試圖示現靈鷲山對待生靈的精神與態度，而眾生也展現對人的情操以及內在的聯結。十一面觀音壇坐定荖蘭山頂，制空、制高整個無生道場。套用俗話，此一觀音壇相當於靈鷲山與宇宙的聯結處，也是人天和諧之前，諸靈交會溝通的場域。」

陳玉峰教授從1975年跟荖蘭山結緣，2021年再續前緣，將此山植被與天文、地文、人文做了縱深詳盡的生界報告，他發現「靈鷲山大部分土地的植被都已經脫離次生林，進入原始林的初階。」實地探勘後，如此筆記導言：「4月30日午後至入夜8時餘，心道法師與我連『一見如故』都多餘，他帶我導覽……法師對著海面船隻捕捉魚苗等頗多憂心，我似乎了然法師思慮根源的同體大悲本願。」

心道法師早年修行地圖——從宜蘭到福隆

1974初
宜蘭雷音寺

1974~1976
礁溪圓明寺

1973
外雙溪蘭花房

寂境

靈鷲山行旅圖鑑

法華洞

法華洞,是靈鷲山的緣起,位於祖師殿旁,洞內不到一坪,有一座石板,是心道法師迴小向大、發菩提心的金剛座。

靈鷲山行旅圖鑑

17

心道法師早期輾轉在宜蘭、礁溪多處鄉野僻靜處獨修，那時常往返宜蘭、臺北間，他觀察到這二地中間的東北角一帶，隱約有一大道場善緣，後來因辟穀斷食需要更嚴苛的幽謐處所，於是在福隆在地弟子介紹下來此。

這裡山勢險峻，多處岩石尖凸猶如鳥喙，背山面海，出入猶猴，須從鷲首石爬下去，攀附岩壁樹藤，才能抵達。初整理時，均需徒手將泥沙、石塊挖出、搬開，最後勉強整理成約一坪大小、不及人高的凹囊型洞窟，洞口由上而下，設幾級階梯緩衝。這自然天成的崖窟，是心道法師行願的開始。

心道法師於1982年在寂光寺開始斷食，經周舉人古堡約半年，1983年秋後轉駐法華洞入關，1984年出關開山，在法華洞斷食前後計2年整。

這山洞的孔隙間隱約有風體流通，投石入孔，聲不見底，岩壁疑通海床，洞內四季清涼潮濕，當時護關弟子描述，只要心道法師在內閉關時，洞內溫涼乾燥，蟲豸不欺。每日僅飲水少量，並依據辟穀法本服用九粒百花丸，常坐不臥，安處寂靜。

心道法師說：「惑如細菌，防不慎防，斷食就是為了對心最微細的部分，做更深入觀修。」斷食時命懸一息，心念更敏利，有助於剋期取證，此時深感到《法華經》「眾生度盡，方證菩提」為願，至此緣起靈鷲山的普門志業，遂命名「法華洞」。

猴子洞

法華洞上方還有一個猴子出沒的窟洞。山上腹地貧瘠，季風直襲，屬高鹽度氣候，無法耕種，沿海多以捕魚、海產養殖為主，據福隆當地耆老記憶，那時山區可種番薯，猴子多來搶吃番薯，村民為此把攀藤砍斷、堵住猴子出沒的洞口，山猴就漸漸絕跡了。

靈應的出火

茗蘭山一帶常有老鷹盤據翱翔，俗稱「鷹仔山」，這裡地勢貧瘠陡峭，杳無人煙，常有許多聖火傳說，漁人出海時，會習慣看望山頭，若鷹仔山巔出現紅色火光滾動則吉，那日出海必平安，稱為「出火」。鷹仔山頭的祥瑞靈應為地方稱頌，所以福隆沿海道觀每12年「請火」儀典也都會上山來慶祝，這座山，一直是福隆當地人心目中的聖山。

祖師殿

寂境

20

祖師殿是山上第一棟建築,是1984年初,為當年護關弟子遮風避雨之用。
心道法師說這裡是「靈鷲山起家的地方」。

心道法師常說：「靈性就是生態，靈性就是生命共同體」，他教育徒眾：「大自然才是原住民，我們只過客，一定要尊重自然生態。」開山當時荒山無水無電無路，即使石階，也僅至仙公廟才有聯外道路，建材都靠人提搬上山，一切就地取材，石塊是在地打就，石牆以糯米漿和沙土填膠石縫，外糊一層水泥，就靠一班徒弟湊合徒手施工，克難搭蓋了這一座依傍山勢的天然石屋。

克難簡樸的祖師殿面向太平洋，遠望北方三島，夜晚對望北斗七星，殿外一片石板鋪就的平地，這裡所代表的開山精神，奠定往後山上的實修道風，並豎立了總本山禪門的建築風範。

祖祖傳燈，臨濟宗門

祖師殿內正中央供奉「西天東土禪宗歷代祖師聖位」。這個祖師牌位從心道法師在宜蘭礁溪靈骨塔塚間修時期，一路供奉到福隆靈鷲山。靈山宗門從佛陀與大迦葉尊者「拈花微笑」以心傳心，這一脈西天印度歷代祖師，傳到東土六祖慧能「一花開五葉」，共33祖，六祖以後五家七宗，臨濟宗為主脈之一。

佛桌旁供奉一塊刻有「庭前柏樹子」偈語的老樹根，這一截木根來自中國大陸河北省趙縣的禪宗祖庭──栢林禪寺，正是當年趙州和尚跟徒弟對機公案時，方丈室外的那一棵老柏樹所留，樹齡超過千

年,在民初遭砍,樹根一直供在殿內。2000年7月心道法師受邀擔任傳法導師,與淨慧老和尚心意相契合,臨別時,淨慧老和尚作為贈禮。

　　心道法師因累劫願力,法緣深廣,身負三乘傳承,主要臨濟宗傳承有二系,2007年得本煥長老受法,為臨濟宗第45世,別傳堂上第二代傳人,授號常妙心道。2013年,得星雲大師受法,正式成為臨濟宗第49代、佛光山第2代法子,法名心道智達。祖師殿正殿中匾「佛光普照」為護關弟子李勇等捐贈,東西二單匾額「正法久住」、「明心得道」分別是本煥長老102歲及106歲親筆贈墨寶所刻。

東西二單匾額「正法久住」、「明心得道」,分別為本煥長老102歲及106歲親筆贈墨寶所刻。

2007年10月23日,心道法師率徒眾親赴深圳弘法寺為本煥長老壽誕祝壽之行,得納受為親傳法子,為臨濟宗第45世,別傳堂上第二代傳人,授號常妙心道禪人。

2013年8月28日,心道法師從剃度師長佛光山開山宗長星雲大師手中受法,正式成為臨濟宗第49代、佛光山第2代法子,法名心道智達。

開山聖殿

開山聖殿,靈鷲山的大雄寶殿,也是總本山的精神堡壘。
如果說,祖師殿是「起家的地方」,那麼在心道法師心中,這裡就是「把緣打開的地方」。

靈鷲山行旅圖鑑

❶ 伽藍
❷ 正覺千佛塔
❸ 八角亭
❹ 麒麟巖
❺ 法輪雙鹿
❻ 瑞珠
❼ 瑞簾
❽ 韋馱
❾ 悲願閣
❿ 鷲首石

瑞珠
又稱瓦當。
圖案設計為靈鷲山LOGO。

瑞簾
又稱滴水。
飾以時輪金剛及蓮花造型。

靈鷲山開山聖殿，於1984年農曆6月19日觀音成道日正式開光，這裡依傍麒麟巖而建，與祖師殿同期就地取材的石壘瓦屋，當年殿內供奉一尊「左臥佛」，別無長物。

心道法師說這一尊左臥佛非常有眾生緣，不愧是開山祖。經典記載佛入滅時是右臥姿，《大毘盧遮那佛說要略念誦經》云：「初應正身威儀，右脇累足如師子臥。若支體疲懈，隨意轉側，當思明相，作速起心。」佛既然可以右臥，何嘗不能左臥？開山大殿依山而立，左望海天無際，右望視野則為一脈岩石所遮，法師隨機逗教，也藉左臥佛做公案，打磨禪機，接引來山參訪行者的探問。幾年後，心道法師發現在雲南也有一尊左臥佛，回緬甸朝聖時又看到另外一尊，他一次比一次笑得開心。目前這尊「左臥佛」已經遷移至森林禪堂預定地。

麒麟巖下出奇人

開山聖殿後方倚靠一座獨特山巖，此峰形似麒麟，當地居民取名「麒麟巖」，此巖是荖蘭山——臺灣雪山山脈末端入洋處第一座峰。

世代居住在福隆的耆老吳春泉老先生，將聖山寺捐給心道法師管理時說：福隆在地人常傳說「麒麟巖下出奇人」，意思是麒麟巖下面會出現一位奇人，得此地理，修成正果。傳言早期有很多宮廟興建時都看中麒麟巖地理，但後來都遭遇種種困難而紛紛中止計畫，所以當年法師在此開山時期，地方居民都感到好奇。

心道法師曾說「建築要與大自然共生共存」，石屋質樸跟天地共呼吸，最貼近修行，也最方便就地取材，適合山上環境。大殿完全依順自然地質結構建造，這種蓋在磐石上的房子，宛如山的一部分，建築格局受到極大限制，卻也因此與大自然環境相互依存，融為一體。

雙塔聖石，以石為界

　　當年開山，大殿以巨石為界，此石本是麒麟巖岩脈突起的石基，心道法師小心翼翼保留原狀，法師認為：「生態即靈性」、「大自然是原住民，我們是暫時借用，人去了，大自然還是留下來」，以石為界，在殿前時而席地而坐，或參禪解惑，或行禪跑香，十方往來，接緣絡繹不絕。

　　2006年的丙戌大閉關期間，心道法師再度斷食200餘天，次年初，適逢寧瑪噶陀派第六世莫札法王來臺弘法，特別蒞臨為心道法師主持出關剃淨。莫札法王是心道法師的主要傳承上師之一，曾在2001年元旦於禪觀中認證心道法師為噶陀虹光身成就者確吉多傑轉世。

　　剃淨完，法王觀察開山殿前的巨石，說道石上隱隱浮現種子字「ཧྲཱིཿ」（吽），這是心道法師修持觀音法門感應而顯。他隨即吩咐備漆筆，將「ཧྲཱིཿ」描出，寫下「ཨོཾ་མ་ཎི་པདྨེ་ཧཱུྃ」六字大明咒，並親筆落款，傳為聖山美談，亦象徵靈鷲山是寧瑪巴噶陀傳承法系的聖地。

　　聖石上奉有兩座五方佛舍利塔，入殿參禮時，可以虔誠合掌持咒繞塔，以順時針繞行巨石三匝。

大悲水、長壽水

麒麟巖縫滲流而出的山泉水終年不斷，開山大殿修繕時，將其導引蓄成兩口井：大悲水、長壽水。分別在佛座左後牆角處及右後方，泉水甘澄，每日伴有早晚課修誦加持，讓朝拜者都可前來祈請，用以清淨身口意，猶如觀世音菩薩手中的甘露瓶水。

「開山聖殿」命名

大殿直到功能陳舊不敷使用，才在2007年7月9日開山24周年慶進行修繕，2009年完工，豎「開山聖殿」區以為誌慶，2011年5月舉行開光儀式。修繕後的「開山聖殿」仍然紅瓦石牆、狹長簡樸，毫無華飾，一派樸實，與大自然和諧相容。

「開山聖殿」以漢寶德先生墨寶作匾，是心道法師緬懷與漢先生在宗博館相知相惜的一段道誼。

漢寶德先生是世界宗教博物館籌備到開館時期最重要見證者之一。話說世界宗教博物館籌備期，漢先生曾經對此計畫挑剔有加，但也用心至誠，他理解心道法師當時在臺灣要創立這樣一座「理念型」兼具跨宗教主題特色的博物館所要面對的艱辛，在擔當7年館長卸任後，不僅繼續答應擔任「終身榮譽館長」，並且擔任宗教文化園區總規劃師。漢先生將自己在宗博館長任期，視為自己生命三階段中，最重要也是最後階段「生命教育」的代表作。

靈鷲山行旅圖鑑

❶ 聖石	❼ 四大天王
❷ 五方佛舍利塔	❽ 緬甸國寶白玉佛
❸ 長壽佛	❾ 阿難尊者
❹ 佛陀、五比丘與十大弟子舍利	❿ 泰國帕塞雅金身吉祥臥佛
❺ 長壽水	⓫ 大悲水
❻ 大伽葉尊者	

緬甸國寶玉佛的傳奇

　　大殿主尊白玉佛，來歷稱奇。這尊玉佛自1989年來臺後一直奉於靈鷲山聖山寺，高七尺二，重約5公噸，出自緬甸曼德里的國寶級雕刻大師烏甘性之手。烏甘性出生於雕刻世家，作品遠近馳名，這尊玉佛存置他家中，前後經四十幾年慢慢琢磨，直到九十五歲才完成，是烏甘性最後一件代表作。

　　據傳歷年來，不斷有人跟烏甘性請供這尊佛像，卻都沒下文，直到心道法師輾轉來請時，雕刻師終於應允，並主動表示希望能供奉於臺灣靈鷲山，等佛像終於安奉來臺，隔年烏甘性才往生。

　　全程護運白玉佛的王正義居士，每每憶起護送過程總是嘖嘖稱奇，冥冥中有庇蔭。話說1989年初的緬甸，剛歷經88年軍變動亂，處於非常時期，泰緬邊境千里不時有反叛軍騷動，邊界不寧，安排搬運困難重重，靠著多方接力，護送者一路感應吉祥，每一站啟程幾乎都會下雨「灑淨」。這趟翻山越嶺、漂洋過海的旅程，歷時將近半年，都能逢凶化吉，安度艱難險災。抵達臺灣基隆港時已經是1989年6月21日，還遇上歐菲莉颱風過後的綿綿霏雨。

　　玉佛抵達聖山寺，當時福隆一帶久旱不雨，當天如同預約一般，濃雲湧聚而來，雷聲大作，整個聖山寺、福隆一帶居民都歡喜讚嘆，霎時籠罩在清涼大雨中。

　　玉佛1989年初從緬甸曼德里出發,一路歷經千辛萬難來臺,在聖山寺安奉近二十年,直到2008年才上山,而從下院上山的這最後一段路最難。大殿修繕期間,心道法師決定讓玉佛上山安座,工程團隊幾經估測評量都覺得山徑狹窄曲折無法施工,以玉佛的量體根本無法上山,但心道法師卻胸有成竹:「玉佛自己要上山來的,一定沒問題!」果然,從山下聖山寺移往開山聖殿,在沒有大型重機具的山間小道上,僅靠人力慢慢推移,玉佛來臺二十年後,終於「神奇」安奉於總本山開山聖殿,功德圓滿。

長壽佛

西單有一尊金身座佛像，鑄於1964年8月29日（佛曆2508年），古銅材質，佛像手結禪定印，佛像蓮花座中央有一泰王皇家徽章，下方銘文泰僧皇祝福：「刻苦耐勞，堅持走過一切障礙。」

長壽佛來臺因緣也見證臺泰佛教界的一樁盛事。這尊長壽佛原本是泰國國王拉瑪九世蒲美蓬·阿道雅疊（1927—2016）於千禧年贈送給泰僧王智護尊者（1913—2015）的壽誕賀禮，因為僧王十分護持宗博館創辦理念，得知開館在即，就轉贈給心道法師作為祝福紀念，國王得知僧王有轉贈一事，便共襄盛舉，加贈另一尊尺來高的古佛，與長壽佛一起來臺，表達對心道法師以「尊重、包容、博愛」之理念籌建世界宗教博物館的認同。

長壽佛約1公尺高，抵臺時正逢「九二一震災」災後第一個農曆新年，靈鷲山協助災後復建的團隊，特於除夕夜抵達中寮，迎請此佛遶境，為災區災民祈福安寧。僧王在佛像基座刻以「刻苦耐勞，堅持走過一切障礙」並為臺灣祈禱。

約30公分
古佛

約1公尺
長壽佛

泰國帕塞雅金身吉祥臥佛

東單壇城供奉一尊黃金臥佛（帕塞雅Buddha Saiya），此佛像亦來自泰國，當地稱其為「最具完美寂靜法相」，象徵著智慧、寧靜、和諧。

這尊佛的本尊在泰國僧王寺後殿，一間名為「國王的禪堂」的御殿，平日不對百姓開放，難得親炙。2003年10月初，心道法師受邀至僧王寺所屬的大學演講，會後參觀內殿瞻禮此尊臥佛，心甚感應，2007年向僧王祈請鎔鑄複製此臥佛，得僧王應許，經過二地佛子一番努力後，終於成為安奉開山聖殿的金身「吉祥臥佛」。

2007年10月29日在泰國僧王寺主辦「臥佛頂髻鎔鑄聖典」，由第一副僧王帕亞梵摩尼長老（Phra Phommunee）與心道法師共同主持。2008年靈鷲山開山廿五周年慶時，吉祥臥佛於正式安奉總本山，心道法師與專程來臺的第一副僧王帕亞梵摩尼長老共同主持開光。

佛陀與長隨聖弟子舍利

依據《金光明經》〈捨身品〉:「舍利者,乃是無量六波羅蜜功德所薰。」壇城上安奉有世尊釋迦牟尼及聖眾弟子的真身舍利,供眾虔誠瞻禮,這些舍利都來自聖地。

靈鷲山供奉的第一批佛陀舍利因緣是1985年初,心道法師圓滿二年斷食閉關,赴印度朝聖,在尼泊爾加德滿都參拜一處達利仁波切的寺院時,得到寺裡法師贈送的從當地猴子山古塔發掘出來的佛陀期舍利,這些舍利會增生、善妙靈應。

陸續有各種聖眾舍利善妙因緣相繼來山。2004年佛陀髮舍利來臺;2005年更有馬來西亞陳京秀居士將其珍藏供奉的,發掘自古塔的佛陀、五比丘與十大弟子舍利,迎奉供養靈鷲山珍藏。

心道法師將這些聖眾舍利都安奉在開山聖殿內，讓大眾得以從瞻仰中生發淨信功德力。《大般若涅槃經》云：「若見如來舍利，即是見佛。」當我們能以虔誠歡喜心禮拜舍利，觀想佛陀一生的教化啟示，祈求能與佛陀及聖眾弟子等感應道交，從而生起恭敬心、慚愧心，這就是行者最好的初心。

修行本色 開山精神

開山聖殿代表著靈鷲山開山精神。自然樸實的一石一階、一磚一瓦，都是艱困環境下所成就，心道法師說：「修行一旦講究享受，環境豪華，很容易放逸鬆懈，連出離心都難以生起，更何況是向道精進？修行愈簡單樸實，愈實際受用，愈能夠精進不退轉，修行人本色就是接近自然、回歸自然。」

「煉得身形似鶴形，千株松下兩函經，我來問道無餘說，雲在青天水在瓶。」心道法師常說「修行是做法，不是說法」，諄諄告誡弟子「只有老實修行」。經過四分之一世紀後，重新修繕的「開山聖殿」暮鼓晨鐘，早晚課誦，是僧伽日用功德，最能代表總本山的修行本色。

正覺千佛塔「龍王殿」

殿外廣場右側有一座高6.6公尺的「正覺千佛塔」，靈鷲山俯臨太平洋，以此正覺塔供奉龍王護佛更加感應，心道法師說：「這裡就是靈鷲山的龍王殿。」塔內供奉一尊「龍王佛」——由九頭龍王護蓋的佛陀禪定相。塔身由黃銅鑄建，仿印度菩提迦耶佛陀證道金剛座的摩訶菩提佛寺正覺塔，以約 1：7.5比例而建，四隅有四座伴塔，全塔共鑲嵌千尊佛像。

據《佛本行集經》記載，釋尊於菩提伽耶初成正覺，在樹下七日入定，遇上猛烈暴雨，此時目支鄰陀龍王以身繞佛七匝，化出七頭，俯首為蓋，以身護衛禪定中的佛陀，是為「龍王護佛」的故事。因而後世相傳：寺院三寶所在即有龍天護法守護。此塔鑄造委請雕塑家林健成，歷時約一年半，於2012年秋竣工，2013年中舉行佛塔裝臟、開光聖典。

建塔因緣來自一段師徒對話。話說心道法師60歲壽誕前夕，弟子請示「該以何供養？」法師回「以法供養」方是期許，他希望人人來靈鷲山修行，都能開悟成佛，為了圓滿大家的祈請，心道法師應允發起造塔，以此勉勵靈鷲山僧徒個個都是佛門龍象。

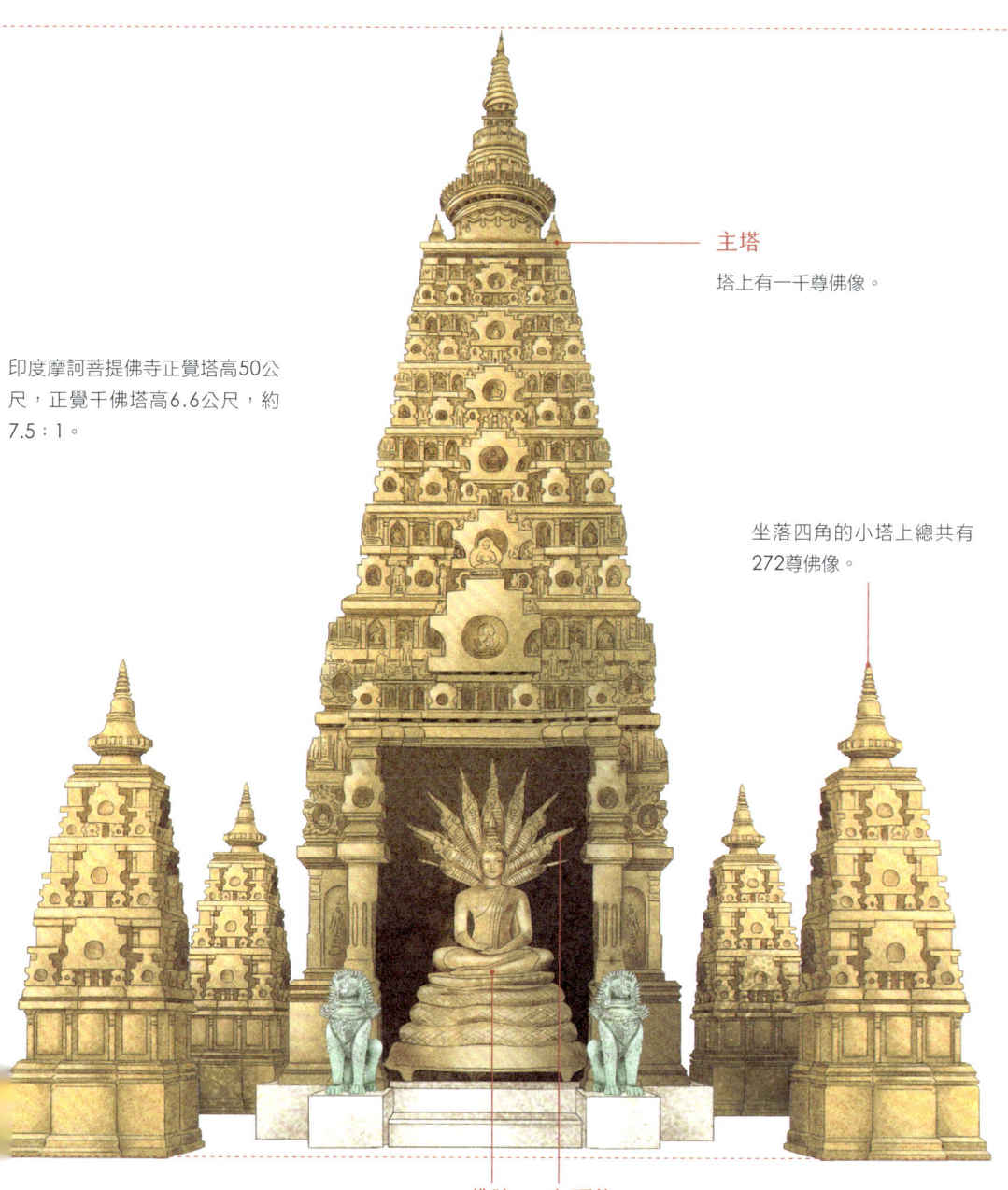

印度摩訶菩提佛寺正覺塔高50公尺，正覺千佛塔高6.6公尺，約 7.5：1。

主塔
塔上有一千尊佛像。

坐落四角的小塔上總共有272尊佛像。

佛陀　**九頭龍王**
九頭龍王名「和須吉」（Vāsuki），或云筏蘇枳，《法華光宅疏》：「和須吉者，譯為多頭，即九頭龍王也。」

靈鷲山行旅圖鑑

鷲首石

　　開山聖殿前與祖師殿的山岩石層間突出一巨石，狀如鷲首，是靈鷲山地標之一。此石大小、向位，與印度靈鷲山鷲首石相仿，可以說風土傳說，交相輝映。

靈山今古輝映

　　古印度靈鷲山，梵名耆闍崛山，又名鷲峰山，因當地多鷲鷹得名。臺灣東北角靈鷲山因心道法師寄望而命名，而福隆山區靈氣盛，多鷹鷲盤旋築巢，古稱「鷹仔山」。相傳古靈鷲山是佛陀證道後最常駐錫說法的一處道場，《妙法蓮華經》就是在此宣說；心道法師也是經法華洞閉關修行後，才開始六度萬行的菩薩道。

　　1996年春，韓國名剎通度寺國寶級畫僧殊眼禪師、畫家楚戈連袂來到靈鷲山參訪。席間，殊眼禪師問心道法師：「印度有個靈鷲山，這裡也叫靈鷲山，誰真？誰假？」心道法師回答：「都真，都假。」殊眼禪師繼續問道：「那怎麼分別真假？」心道法師回答：「不分別即是真，分別即是假。」話鋒落下，兩位長老相視而笑、心心相印，殊眼邀三人一起作畫，先由心道法師、楚戈各落一筆，再由殊眼繪成並落款，留下一幅名為「靈鷲山」禪趣十足的禪畫，目前掛在上院知客堂，傳為美談。

韋馱菩薩、伽藍菩薩

殿外廣場有二側分別立韋馱菩薩、伽藍菩薩，銀白銅身。心道法師曾說：在法華洞閉關時期，時有感應神人以白光化現守護，遂於關中供奉韋馱菩薩聖像。開山殿整修期間，心道法師造韋馱、伽藍聖像立於殿外兩側供奉。

伽藍菩薩　　　　　　韋馱菩薩

韋馱菩薩身穿盔甲，以天將軍相示現，持杵姿勢或合捧當胸或單手杵地，本山為雙手持杵拄地姿。《悲華經》云：過去劫轉輪聖王有千子，韋馱為法意太子，曾與釋迦牟尼佛同為兄弟，後千子各個發願修道，韋馱於是發願以密跡金剛力士護法相，來護持千位兄弟成佛，後來蒙佛授記，於賢劫千佛中最後一位成佛，名樓至佛。

伽藍菩薩是佛寺的守護神，保衛寺院，護衛四眾。據《七佛八菩薩大陀羅尼神咒經》云，伽藍聖眾有十八位，再加上祇園精舍三位功臣：波斯匿王、祇陀太子、給孤獨長者，增至二十一位。中國禪宗道場有供奉伽藍菩薩的風俗，常以關羽（－220AD）將軍造型作代表，關羽位列伽藍的傳說跟天台宗祖師智者大師有關。

　　相傳智者大師（538－597AD）在荊州玉泉山尋覓建寺，夜中入定時，關羽顯靈，神情悲憤，智者大師為其開示，關羽聞法頓悟，於是發願助智者大師建寺，寺成之後，關羽又依止智者大師皈依受戒，成為佛弟子，並發願永為佛教作護法。從此天台宗寺院開風氣之先，天下各宗寺院爭相效法，中土寺院遂供奉關羽為「伽藍菩薩」，與「韋陀菩薩」並稱為佛教護院的兩大護法神。

八角亭、悲願閣

　　殿外二側坡上分別立有二座塔樓：悲願閣、八角亭，原意如大雄寶殿旁的鐘樓、鼓樓，目前作為藏經閣。

八角亭

殿前廣場一望無際，變幻莫測的天景，讓人不禁感悟道，人渺小了，心卻開闊了，心道法師開示：「浪有高有低，海水依舊是海水；生活有苦有樂，心依舊是心。」佇足於此，可眺望「北方三嶼」花瓶嶼、棉花嶼、彭佳嶼。

開山聖殿外廣場矮牆堞，以木構、銅鑄欄杆鑲崁，欄杆以阿育王柱、法輪立體銅雕圖騰為造型，柱桿頂亦鑲崁法輪，代表住持正法、威德弘揚十方。

龍王朝供

相傳龍王司掌行雲佈雨，管轄天下水域洋流，也是統領水族的王。相傳龍王宮殿在深海之底，太平洋雲氣萬千，以龍首來朝代表龍天擁護、三寶加被。

靈鷲山祕寶圖鑑

45

法輪
佛教常以「輪軸」代表正法久住、法輪常轉、摧邪顯正的作用。

基部為蓮花座造型

阿育王柱
印度孔雀王朝君主阿育王（304—232BC.），早年征戰殺伐，看盡屠戮慘烈，深深悔恨自責，為安定國土百姓，成為弘揚佛法的千古功臣，也是史上無出其右、護法最有功的君王，在他風行草偃的推動下，佛教走出本土成為世界性宗教。他在國土所及造立阿育王柱，代表佛法遠揚。此阿育王柱的柱身刻有法輪，裝飾獅、馬、象、牛四聖獸，獅表釋迦王族；馬馱載悉達多太子離宮夜行，走上正覺道；象表願行殷深、精進不倦；牛表負重忍勞。

僧伽日用

出坡

排班

作務

寂境

46

禪修

跑香

動禪功法

僧

過堂

早晚課

用

佛供

打板

靈鷲山行旅圖鑑

47

早晚課

寺院日常修行與作息稱為「五堂功課」，在靈鷲山一般來說包括早晚課誦、早午齋、佛供等，還有禪坐、課程、常住作務等。不管各宗各派、不論修任何法門，都是下手處，僧伽將此身心奉塵剎，發心求道的本懷如《楞嚴經》所述：「一者上合十方諸佛，本妙覺心，與佛如來，同一慈力。二者下合十方一切六道眾生，與諸眾生，同一悲仰。」

「梵唄」是指寺院清淨課誦的法音，透過梵音宣流不息，令正法久住，祈願二六時中皆吉祥，當行者養成早晚課的習慣，思惟皈依三寶的功德，收攝身口意三業，一心向十方法界諸佛菩薩祈禱、為對救度眾生發出無上菩提心，體解大道、也能逐漸轉化習氣，消災免難，進而追求無上正等正覺。

暮鼓晨鐘

鐘鼓是叢林的主要法器，「左鼓右鐘」安置於大殿兩方，象徵龍天守護，意在警世。

佛寺中朝課之前敲晨鐘，所謂「一杵晨鐘破曉曦，聲聲震撼吼如獅，催人醒覺紅塵夢，名利浮雲墨自癡」；晚上安板前則擊暮鼓，警示行者「是日已過，命亦隨減，如少水魚，斯有何樂」。

佛供

寺院午時作「佛前大供」，以米飯素菜作齋供；又作「佛餉、午供、齋佛」；佛制過午不食，午時作齋儀，日日供養不斷。

作務

心道法師主張「工作即修行，生活即福田」的「生活禪」，僧伽日用中，行住坐臥、衣食住行。「出坡」是禪林中從事作務勞役時，普邀常住大眾分工合力的生活規制，舉凡打掃環境、摘花摘茶、曬諸藏經，乃至搬柴運水，各種勞動身體的工作，都是普請的事項。

早年農耕社會，除了出坡，作務包含了農耕、工藝、烹食等，工作內容是與時俱進的，而今全球化社會，為利生授課或舉辦活動，也概括各種文書庶務等行政內容。

過堂

叢林寺院中早午齋時，僧伽依戒臘集合排班，一起行進到齋堂，依序入席用齋稱為「過堂」。

過堂、行堂、用齋都有規矩。過堂講究威儀，莊嚴攝受，比如吃飯端碗要「龍含珠」，持筷子「鳳點頭」。用齋前，要作「供養偈」。用齋時，要食存五觀「一、計功多少，量彼來處。二、忖己德行，全缺應供。三、防心離過，貪等為宗。四、正事良藥，為療形枯。五、為成道業，應受此食。」結齋時，作回向偈：「飯食已訖，當願眾生，所作皆辦，俱諸佛法。」

行者一般過午不食，若晚餐進食稱為「藥石」，是為了滋潤色身，以利精進辦道。用齋宜攝心禁語，行止要徐徐安詳，保持覺知清楚。

禪修

靈鷲山以「慈悲與禪」立宗風，宗門修持為心道法師傳授之「四步驟──平安禪」法門。總本山常住僧伽每日早課後、晚課後，各有一炷香禪座，每年有一期七七春安居禪關。

四大名山

悲　多羅觀音道場

智　文殊道場

十一面觀音道場

寂境
50

行
普賢道場

願
地藏道場

靈鷲山行旅圖鑑

51

「四大名山」以「五百羅漢步道」串連。自然生態豐富，原生林相綠意盎然，不時還有各種野生動物穿梭，菩薩羅漢石雕錯落其間。在這山林間行禪，無疑是一趟身心靈洗禮。

四大名山[1]緣起於心道法師1988年首度前往中國大陸朝禮時，感應四大菩薩道場的悲願，回臺後發願在總本山規劃呈現出悲智願行的四大道場。

靈鷲山四大道場佈局有其深意：由阿育王柱山門進入朝山大道，依地形地理順序，最先抵達地藏道場，再到普賢道場，經過文殊廣場，進入觀音道場。這個順序是心道法師對行者入道、修道、悟道、弘道的期許，寓意著菩薩道首先要如地藏菩薩發大願、實踐普賢十大願，入文殊法身智慧，以大慈悲心深深海底行。

---

1. 中國佛教四大名山，傳說是四大菩薩的顯靈感應教化的道場。山西五台山是文殊菩薩的道場，浙江普陀山是觀音菩薩的道場，四川峨眉山是普賢菩薩的道場，安徽九華山為地藏菩薩道場。以上四處合稱「四大菩薩道場」。

靈鷲山行旅圖鑑

五百羅漢步道

寂
然

靈鷲山環山朝聖步道沿途安奉羅漢石像，自然樸拙，神態寂定，錯落安座於林間道旁，演述著佛陀時代，常隨佛學的聖眾弟子的行誼故事。

《佛說四十二章經》：「佛言辭親出家，識心達本，解無為法，名曰沙門。常行二百五十戒，進止清淨，為四真道行，成阿羅漢。阿羅漢者，能飛行變化，曠劫壽命，住動天地。」五百羅漢步道，寄寓著心道法師對總本山的願景，在此作為四眾依止成就道業的大蘭若。

天然「羅漢堂」

　　靈鷲山的「羅漢堂」就在串接四大名山的林間步道,稱為「四大名山——五百羅漢步道」,沿途山坡分佈散置有五百羅漢、十八羅漢、八大菩薩等石雕聖像,可以說整個山林、以天為幕、地為席,就是天然的「五百羅漢堂」。

何時開始稱頌「五百羅漢」?

五代時,五百羅漢的尊崇尤其興盛。吳越王造五百尊羅漢銅像於天台山方廣寺。後周顯德元年(954年),道潛禪師得吳越王錢忠懿王之允,遷雷峰塔十六大士像於淨慈寺,創建五百羅漢堂。宋太宗時造羅漢像五百十六身,十六羅漢和五百羅漢一起,奉安於天台山壽昌寺。

從阿育王柱進入朝山大道不遠處，有朝山廣場，道分為二，除了直行車道，亦可左進清幽的石階道，拾級而上，漫步林間，尋訪四大名山。這一條幽隱的祕境，是最空靈的山間石道，全長約2公里，道寬僅容獨行，徒步環山一趟，最快也要個把鐘頭。

　　遍佈山間栩栩如生的羅漢尊者，沿途策勵著行進的朝聖者，彷彿進入時光隧道，體驗一場與釋尊同願同行的荒野道旅。

　　長夏安居時，日光篩落林間，蟬鳴鳥叫，苔深歲久，緩步其中身心清涼，行進到地藏道場、普賢道場，出口右進是文殊道場，左出銜接海天無際的多羅觀音道場、十一面觀音道場。

何時開始塑造「五百羅漢」？

《五代名畫補遺》記載，唐代著名雕塑家楊惠之在河南府廣愛寺塑造五百阿羅漢，這是最早的五百阿羅漢形象。

從十六羅漢到五百羅漢

阿羅漢（梵語Arhat），意為應供（應受人天供養）、殺賊（破除煩惱賊害）、無生（不受生死輪回），是聲聞乘所追求的最高果位，也是佛陀的十個名號之一。當薄地凡夫發願出離輪回，歷經解脫道修習，進而斷盡煩惱、三界貪愛，證入無學果位，於當世捨壽時，不受後有，入無餘涅槃。

十六羅漢是釋迦牟尼的得道弟子，承佛敕命，永住世間，守護正法，經典早有所載。傳入中國後，約於唐末至五代十國時期演變為十八羅漢，增加的兩位尊者說法不一，最後確認流傳的版本是清朝的《秘殿珠林續編》中，乾隆題頌的降龍羅漢是迦葉尊者、伏虎羅漢是彌勒尊者，並由章嘉呼圖克圖考定。

五百僅是約數，典故很多。據經典記載常常跟隨佛陀的千二百五十人都是大阿羅漢，其中五百羅漢最早出現在佛陀住世時，《十誦律》卷四：釋迦牟尼在世時，有隨他聽法傳道的五百弟子，被稱為五百羅漢、五百比丘、五百尊者、五百上首。《佛五百弟子自說本起經》記載：佛祖滅度次年，迦葉召集五百比丘，在王舍城參加這一次結集的五百比丘即是五百羅漢，史稱「五百結集」。另外《法華經》有「五百弟子授記品」。

其他佛典的五百羅漢應化的故事：

《經律異相》卷四十八說：佛祖在波羅捺國為四眾說法時，五百隻大雁聽到佛祖的聲音便飛到佛祖面前，聽佛講法，死後全部升入忉利天，成為五百羅漢。

《大唐西域記》：五百隻蝙蝠因專心聽誦經之聲而不避火灼，死後托生為人，普證聖果，全部成為羅漢。

《大智度論》說：有五百仙人因聽音樂天緊那羅女的歌聲而失禪定，後終於成證羅漢果，這五百仙人就是後來的五百羅漢。

還有《大般涅槃經》〈梵行品〉、《報恩經》，以及敦煌石窟壁畫中有兩幅關於佛陀度五百強盜成就羅漢的故事。

相傳中土也有「五百羅漢」的顯化，最早是東晉敦煌高僧曇猷夢見五百羅漢，流連忘返於天台山石樑飛瀑、八峰雙澗之間。

何時開始有五百阿羅漢名號？

五百之數都是從一些經論或傳說雜湊而成，直到五百阿羅漢的盛行。南宋時有位高僧道素上人特為五百阿羅漢一一編號定名，並專門刻了一道《江陰軍乾明院五百羅漢名號碑》，他定名的五百阿羅漢第一位是阿若憍陳如尊者，即最初跟隨佛陀出家的五比丘之一，第五百位為願事眾尊者。佛典裡的五百阿羅漢本來沒有特定指向，至此開始具體化、個性化。雖是附會整理，但道素上人確立的五百阿羅漢皆有經典依據和歷史來源，有些是佛的大弟子，有些是印度佛教史上的著名祖師、高僧，如龍樹、龍猛、無著、世親等；還有一些中國佛教史上的大德，如悟達尊者（第117尊）、善慧尊者（第131尊）、法眼尊者（第151尊）等四十九位尊者，都是經過嚴格篩選而定。這個名號記載雖非最早，自宋代以下直至近現代的寺廟中，均以此為據，靈鷲山五百羅漢石雕亦遵此版本。

地藏道場

地藏殿是山上靈氣最好的地方！——心道法師

靈鷲山行旅圖鑑

61

地藏道場坐落在五百羅漢步道途中，中央有一座「大願舍利塔」，塔高5.5公尺，塔身直徑4.5公尺，1995年完工，造型仿自古印度佛陀初轉法輪聖地鹿野苑的舍利塔，覆缽式佛塔，是最古老佛塔樣式。

　　地藏菩薩發願「地獄不空，誓不成佛」，代表「大願」，心道法師在這裡立一座「大願舍利塔」作為靈鷲山的「地藏殿」，塔內豎立著一座經柱，柱身為黑色大理石，雕刻有一部《地藏菩薩本願經》，柱頂有金色法輪，法輪裝臟佛舍利，象徵正法久住、法輪常轉，塔頂覆蓋透明穹頂如天井，讓自然光灑落塔內，塔中禪坐，二六時中都可仰望日月星辰，心道法師2006年（丙戌年大閉關）曾於此塔內閉關三七日，感應殊勝。

　　「大願舍利塔」周邊有內外二層馬蹄型外圍座臺，外圍高、內圍低，中間隔著花壇，供朝聖行者繞塔瞻禮。在這裡，或是順時針徐徐繞塔，或向塔禮佛，或就地禪修，莊嚴而攝受。

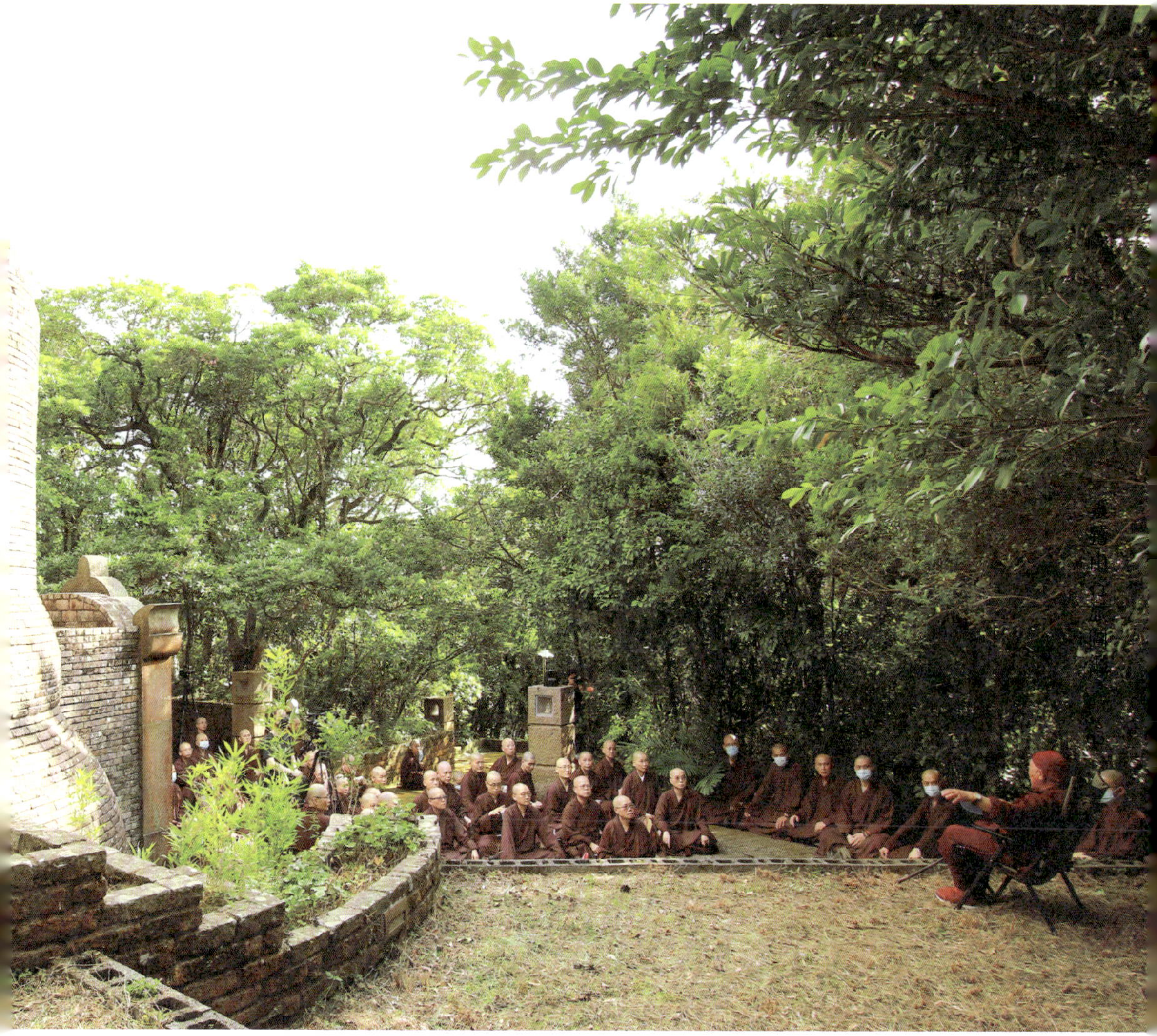

地藏菩薩

地藏王菩薩，梵語Ksitigarbha，有「安忍不動如大地，靜慮深密如祕藏」之意。土地堅實不可移動，菩薩的菩提妙心亦堅如金剛不可破壞；常處於甚深靜慮中，而能包容化育眾生止於至善。

根據《地藏菩薩本願經》所述，地藏菩薩歷劫因緣，於諸佛面前立下大願，在身為大長者子、婆羅門女、國王、光目孝女時，以其「大願」廣設一切方便，讓所有受苦眾生都能因他得度。地藏王菩薩在累世修行中，都示現為救度在地獄受苦的母親而發願，是「大孝」代表，故而《地藏經》也是佛門的孝經。

繞塔

繞塔禮儀

1. 至心虔誠,雙手合十,恭念地藏菩薩名號「南無地藏王菩薩」。
2. 右繞佛塔三圈不等。徐徐而進,保持專注覺知清楚。
3. 一心至誠,學習地藏菩薩「地獄不空,誓不成佛」的大願力。

繞塔功德利益

據《一切如來秘密舍利陀羅尼經》云:「乃至應墮阿鼻地獄者,若於此塔一禮拜、一轉繞,彼等皆能得以解脫。」《右繞塔功德經》開示繞塔有無上利益,概略舉要如下:一切諸天龍,夜叉鬼神等,皆親近供養;遠離於八難;念慧常無失,具足妙色相;往來天人中,福命悉長遠,常獲大名稱;在於閻浮提,常生最尊勝,清淨種姓中;儀貌常端正,富貴多財寶;從此生天上,常有大威德;從天上捨命,下生於人中,入胎不迷亂;在於母胎中,垢穢所不染,如淨摩尼珠;父母及親戚,一切共鞠養;眷屬皆愛念;夜叉諸惡鬼,不能暫驚怖;妙色常圓滿,諸相自莊嚴,成就大勢力;所作速成就;正道及聖果;現作天人師。

《釋氏要覽》卷中謂:「三匝表示三業,七匝表示七支。」另一說法為:旋繞三匝者也表敬三尊(佛、法、僧);亦念滅三毒(貪、瞋、癡)。

繞佛(塔)有五事:一、低頭視地。二、不得蹈蟲。三、不得左右顧視。四、不得唾塔前地上。五、不得中住與人語。繞塔皆隨禮敬者至誠心意為要。

圖解地藏道場

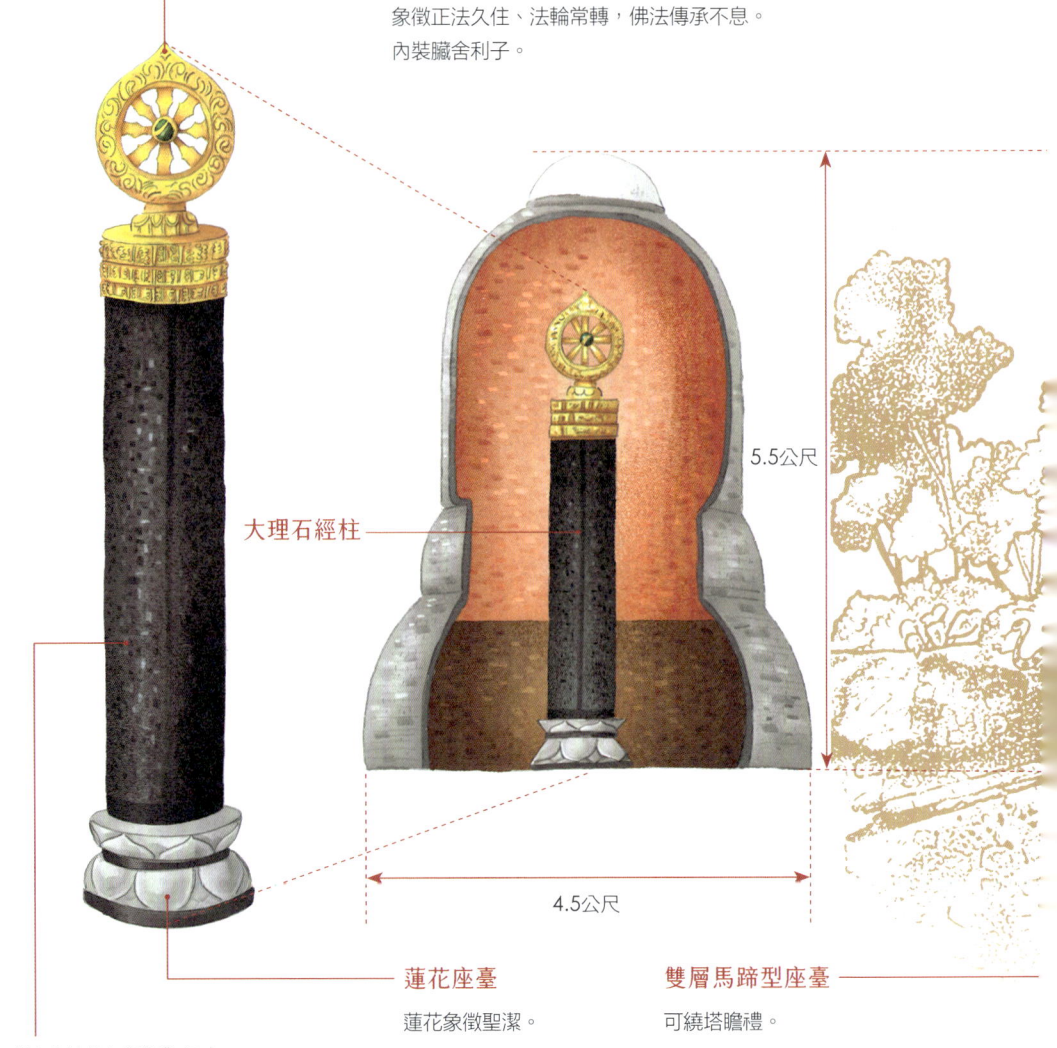

法輪
象徵正法久住、法輪常轉，佛法傳承不息。
內裝臟舍利子。

大理石經柱

5.5公尺

4.5公尺

蓮花座臺
蓮花象徵聖潔。

雙層馬蹄型座臺
可繞塔瞻禮。

《地藏菩薩本願經》經文。

寂境

66

半圓型透光穹頂

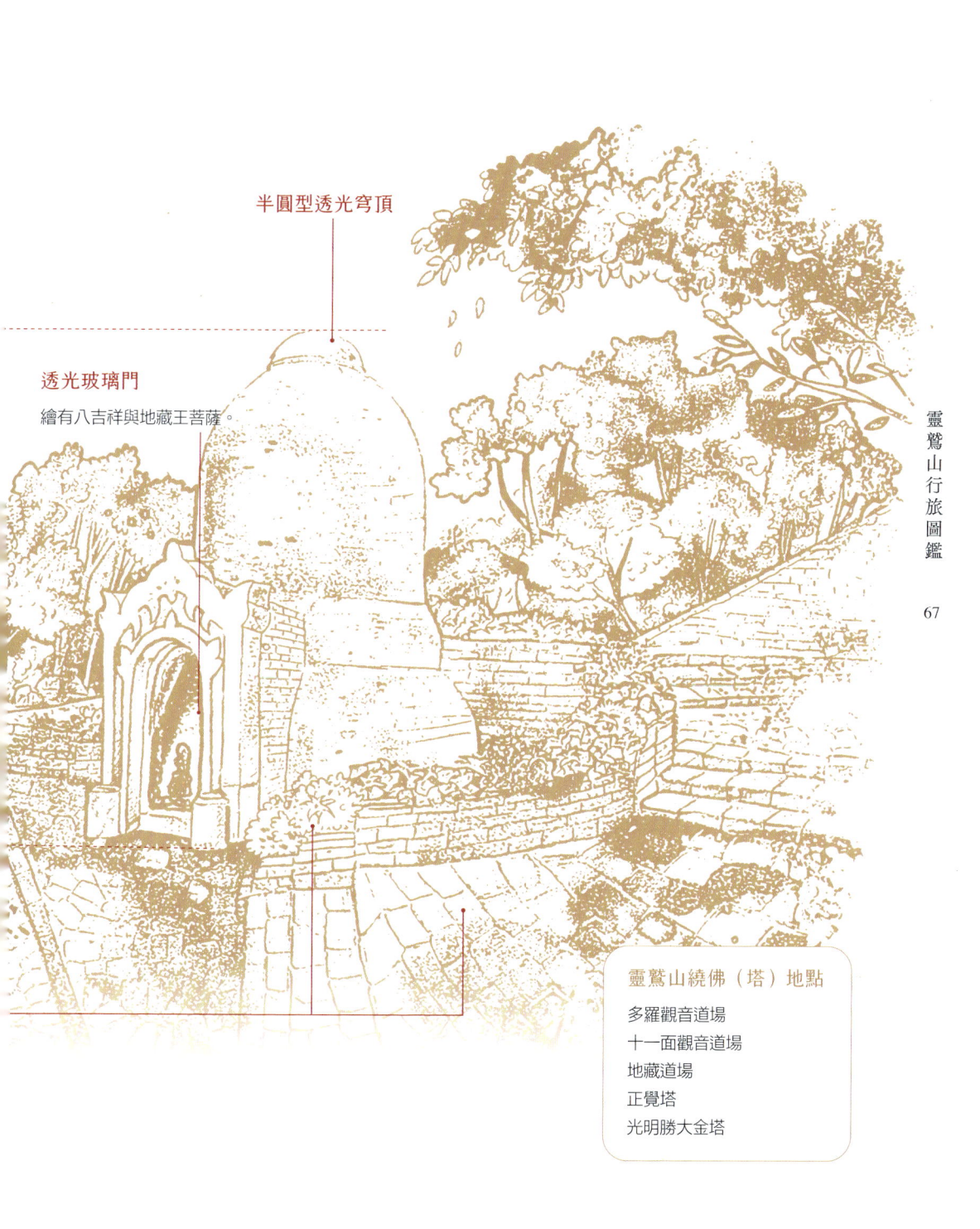

透光玻璃門
繪有八吉祥與地藏王菩薩。

靈鷲山行旅圖鑑

67

> **靈鷲山繞佛（塔）地點**
> 多羅觀音道場
> 十一面觀音道場
> 地藏道場
> 正覺塔
> 光明勝大金塔

普賢道場

寂境

68

有一回，弟子問心道法師：「師父啊，您教我那麼多，為什麼我還沒開悟？」心道法師回答：「我教是我的，不是你的。」弟子茫然，心道法師又說：「你要自己去實踐，才會變成是你的。」

心道法師：「修行是做法，不是說法。」

普賢道場以「巨石佛足印」為主景，其下銘刻「普賢十大願」。心道法師認為菩薩道首重以「菩提心」，因地不真，果招迂曲，所謂「初發心成正覺」，發菩提心、行菩薩道，就是普賢大行的精神。

普賢道場

　　普賢道場的地形宛如一隻大足，心道法師因應地形作此「佛足石雕」，寓意普賢菩薩「大行」精神！《悲華經》記載，普賢菩薩自許以「行」勝過一切菩薩，因此寶藏佛說：以此因緣，今天便將你的名字更改為「普賢」；自此普賢菩薩成為「大行」代表，這也是「佛足石雕」作普賢道場的象徵寓意。「佛足雕刻」橫豎約4公尺見方，石雕上供有一塔，而下沿刻著「普賢十大願」，石足前有平臺，可容納十餘人駐足頂禮。

　　馬蹄形步道兩側羅列著數尊石羅漢，林木寂靜，足板中間有捷徑石階步道橫跨，參訪至此不妨依照環山步道，緩步行禪更勝。

華嚴三聖 普賢菩薩

　　普賢菩薩聖像為手持蓮花，座騎為象徵堅忍與實踐的六牙白象，與文殊菩薩、毘盧遮那佛合為「華嚴三聖」。

　　佛有四大德相，即是悲、智、願、行圓滿。這四種圓滿，佛已全部證得，而菩薩各依本願顯現其特色，例如，文殊師利菩薩代表大智，觀世音菩薩代表大悲，地藏王菩薩代表大願，而普賢菩薩則代表了大行。

　　依《法華經》〈普賢勸發品〉所述，普賢菩薩來自東方寶威德上王佛國，至娑婆世界參加法華經聖會。《悲華經》〈諸菩薩本授記品〉第四之二，寶藏佛授記普賢菩薩未來將成佛，名為智剛吼自在相王佛。

　　《華嚴經》〈普賢行願品〉廣為流傳的普賢菩薩十大行願王，一、禮敬諸佛，二、稱讚如來，三、廣修供養，四、懺悔業障，五、隨喜功德，六、請轉法輪，七、請佛住世，八、常隨佛學，九、恒順眾生，十、普皆迴向。標誌著普賢行願是成佛之大道。

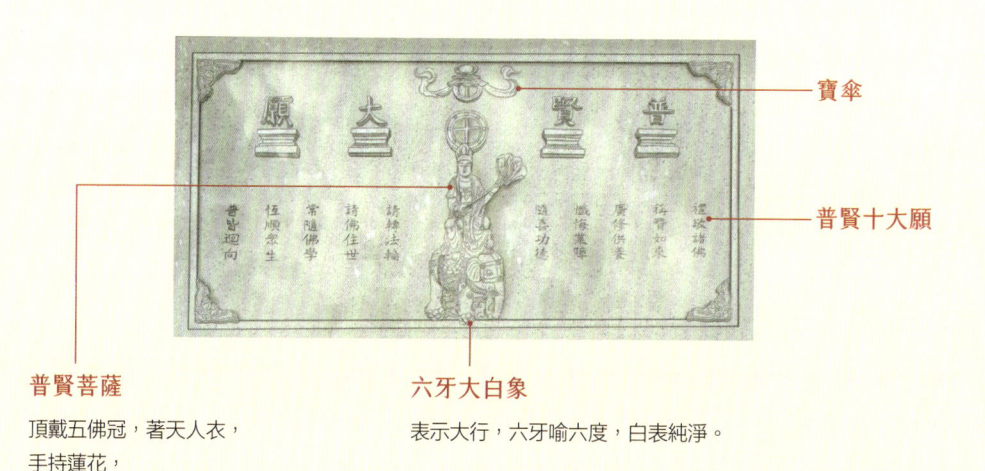

寶傘

普賢十大願

普賢菩薩
頂戴五佛冠，著天人衣，
手持蓮花，
半跏趺坐於六牙白象之上。

六牙大白象
表示大行，六牙喻六度，白表純淨。

佛足 見足如見佛

《大慈恩寺三藏法師傳》記載，釋迦牟尼佛涅槃前，行至印度摩揭陀國郊外，在河南岸一處大方石上留下腳印，對阿難尊者說：「這是我最後望著金剛座和王舍城方向所留下的足跡了」，早期佛教，不敢直接模擬佛像，故後世以見佛足印，如見如來。

普賢道場這一座佛石足雕長寬達4公尺的「佛足巨石雕刻」於1996年完工，以佛足千輻輪相，是佛的三十二相之一，意為駕馭一切的法王相，凡見法輪者，一切邪見懊惱災害都會消滅遁形。

卍
根據《大方廣佛華嚴經》卷六五〈入法界品〉：釋迦牟尼「胸標卍字，七處平滿。」因此「卍」被認為是吉祥，也是釋迦牟尼的三十二相之一。

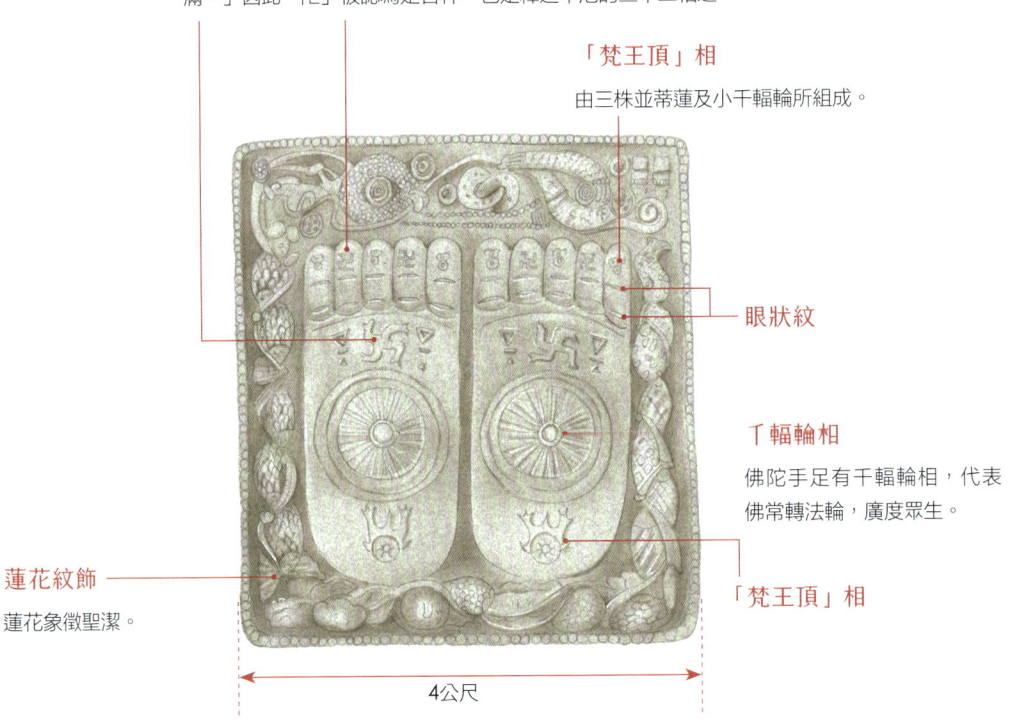

「梵王頂」相
由三株並蒂蓮及小千輻輪所組成。

眼狀紋

千輻輪相
佛陀手足有千輻輪相，代表佛常轉法輪，廣度眾生。

「梵王頂」相

蓮花紋飾
蓮花象徵聖潔。

4公尺

五十二階 一階一果位

朝禮普賢道場的石階梯共有五十二階，代表著《大方廣佛華嚴經》內所記載菩薩修持過程的五十二個階位。從十信、十住、十行、十回向、十地、等覺、妙覺[1]，完成菩薩修行次第後，最後登至究竟圓滿的佛果。

要成就佛果的唯一方法就是「發菩提心、行菩薩道」，所謂的「行」就是「實踐」，這樣踏實行持，最終成就正覺得果位。

來到普賢道場，行者可以虔誠一階一階踏上成佛之道，在頂禮佛足千輻輪相，恭誦普賢十大願的同時，當發願將此身心奉塵剎，體解普賢菩薩的大行無畏精神。

---

1. 十信位：信心、念心、精進心、慧心、定心、不退心、護法心、回向心、戒心、願心。

   十住位：發心住、治地住、修行住、生貴住、方便具足住、正心住、不退住、童真住、法王子住、灌頂住。

   十行位：歡喜行、饒益行、無瞋恚行、無盡行、離癡亂行、善現行、無著行、尊重行、善法行、真實行。

   十回向位：救護一切眾生離眾生相回向、不壞回向、等一切佛回向、至一切處回向、無盡功德藏回向、隨順平等善根回向、隨順等觀一切眾生回向、真如相回向、無縛無著解脫心回向、法界無量回向。

   十地位：歡喜地、離垢地、發光地、焰慧地、難勝地、現前地、遠行地、不動地、善慧地、法雲地。

圖解普賢道場

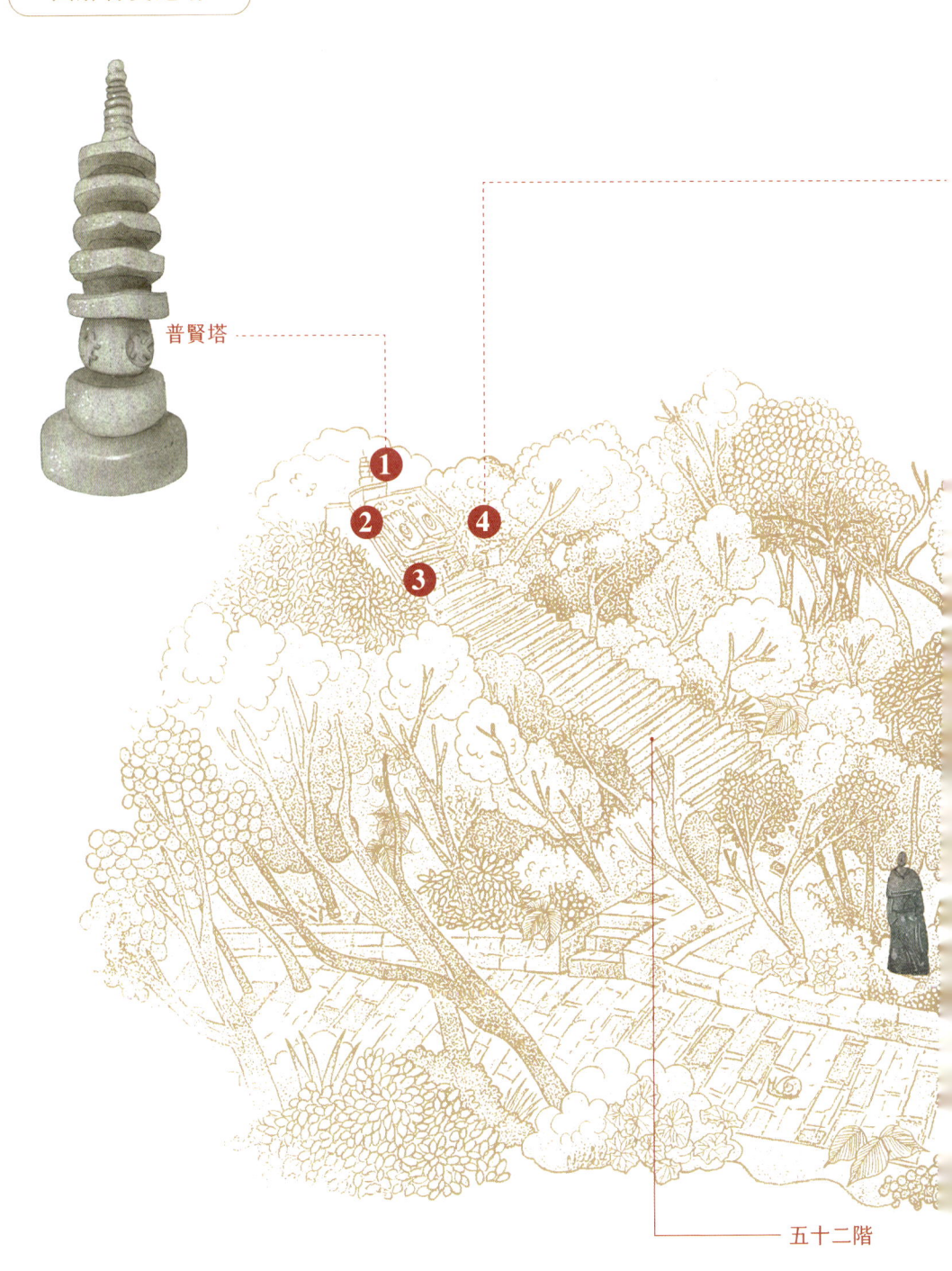

普賢塔

❶
❷
❸
❹

五十二階

寂境

74

四大天王

「風」是手持寶劍的南方增長天王；

「調」是手持琵琶的東方持國天王；

「雨」是左手臥銀鼠、右手持寶傘的北方多聞天王，也被稱為財寶天王；

「順」是手纏著一條龍蛇代表的西方廣目天王。

四大天王共同守護正法，也護佑人間風調雨順、國泰民安。

❶ 普賢塔
❷ 佛足
❸ 普賢菩薩
❹ 四大天王
❺ 五百羅漢

靈鷲山行旅圖鑑

文殊道場

寂境

76

從十一面觀音壇下來，這裡是向陽的風水寶地，總本山上的教育基地。

——心道法師

文殊道場位於四大名山五百羅漢步道出口，右轉沿山道旁如意形的狹長坡地，從觀音道場眺望過來猶如昂首的舟船，有二座寶塔，從塔對望即是十一面觀音、天眼門、多羅觀音的馬鞍形山脈。

2023年初心道法師觀此地因緣，啟造立二座寶塔，就地整理修繕「千缽文殊殿」等，作為總本山培育僧才的教育園地。

五輪塔

「五輪塔」即「一切如來心秘密全身舍利寶篋印陀羅尼塔」，塔身3公尺，銅雕貼金箔，裝藏有漢傳大藏經、南傳大藏經、藏傳大藏經（甘珠爾、丹朱爾）共三部大藏經；塔基2公尺為紅色花崗岩，四面雕有雪獅法輪。《一切如來心秘密全身舍利寶篋印陀羅尼經》云：「若有應墮阿鼻地獄，若於此塔，或一禮拜、或一右遶，塞地獄門，開菩提路。」

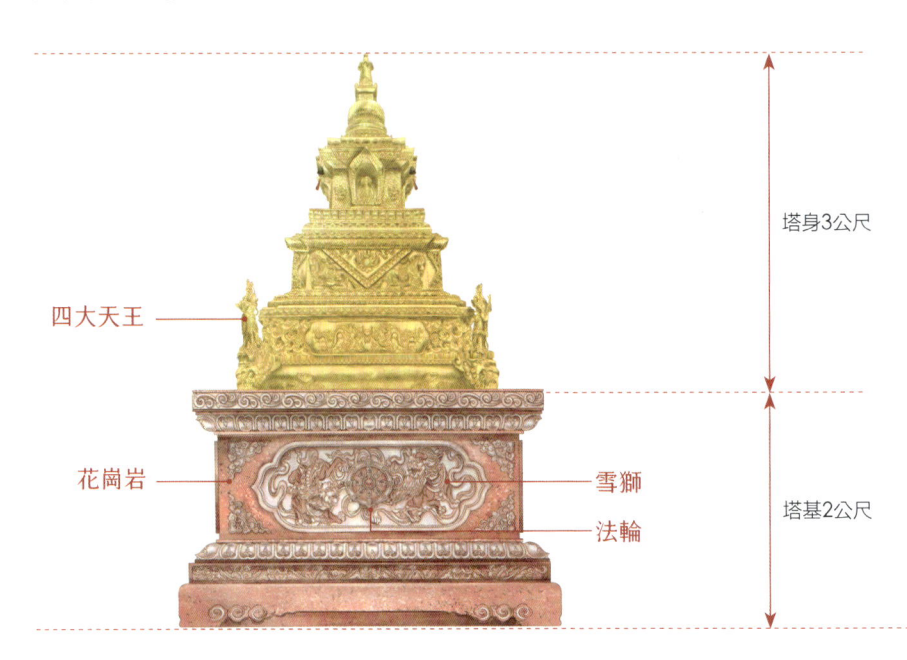

四大天王

花崗岩　　　雪獅　　　法輪

塔身3公尺

塔基2公尺

文殊塔

「文殊塔」塔高約10公尺，塔身為紅色花崗岩，造型仿五台山塔院寺「文殊髮塔」，心道法師以「千缽文殊菩薩十大願」起造此塔，裝臟佛陀舍利、巖傳伏藏暨圖籍等傳承法寶聖物。

花崗岩塊砌成

10公尺

千臂千缽千釋迦文殊菩薩

文殊殿內供奉一尊3公尺高、紅銅金身的「千臂千缽千釋迦文殊菩薩」。造型仿自中國五台山顯通寺千缽文殊殿的明朝古尊，典故自《大乘瑜伽金剛性海曼殊室利千臂千缽大教王經》[1]。

在娑婆世界中，文殊菩薩示現為釋迦牟尼佛的上首菩薩，為法王子，號「妙吉祥」，代表智慧，為四大菩薩首。另據諸經中，文殊菩薩過去在南方平正佛國作佛，名「龍種上尊王佛」，未來在南方清淨無垢寶寶世界，名「普現如來」，現在北方歡喜世界也作佛，名「歡喜藏摩尼寶積佛」。所以文殊菩薩以三世佛之尊「隱大顯小」，為本願力在一切佛剎中顯化為菩薩身，協助諸佛成熟有情，並善巧引導一切菩薩發菩提心，歷劫陪伴直至成佛，為「諸佛之母」、「諸菩薩摩訶薩之導首、上師」。

如本經云：「蓮華臺藏世界海，于中有大聖曼殊室利菩薩，現金色身，身上出千臂千手千缽，缽中顯現出千釋迦。」「曼殊室利常為無量百千萬億微塵數世界諸佛如來為母，亦常為無量百千萬億微塵數那由他菩薩而為導首……與諸菩薩為師，教化成就一切眾生。」

文殊菩薩道場地景特殊，心道法師說：「這裡是總本山教育的基地、也是培養佛門龍象的選佛場。」

---

1. 《大乘瑜伽金剛性海曼殊室利千臂千缽大教王經》，簡稱《文殊大教王經》。

3公尺

釋迦摩尼佛

十一面

千臂手掌中皆托金缽，缽中端坐著一尊釋迦佛。

金剛杵

金剛鈴

紅銅金身

青獅座騎

靈鷲山行旅圖鑑

81

十一面觀音道場

靈鷲山行旅圖鑑

這裡是山上的大寶幢傘蓋，會庇佑大家、庇護世界。——心道法師

心道法師說：「這個山上每一個磁場好的地方，我都花時間用21天的時間去閉關，一次一次做連結。像那三圓球的觀音殿，就用近八個月斷食閉關；然後再到那個山頂，圓滿了現在的覺知，因為山頂可以看到環海三百一十五度的視角，還有一角四十五度的山景，這樣的環境造就我寬闊的見解，是對內在更寬廣的發現，也是對外在更寬廣的發現。寬廣是空明的意思。這裡是大圓滿修行的地方。」[1]

北濱公路的聖山地標

靈鷲山主峰荖蘭山是北臺灣雪山山脈北起入海尾脈第一道主稜峰。荖蘭山又稱「卯里尖」[2]，背連大陸板塊，面向太平洋，伴隨「匹亞南斷層」[3]入海，直承極地西伯利亞冷氣團正鋒面[4]，眺望東北角湧升流的水族旺盛區域。整座山頭可以說就是十一面觀音壇城，站在山頂，彷彿感應到觀音菩薩「上合十方諸佛本覺妙心，下合十方一切六道眾生，與諸眾生同一悲仰」。

荖蘭山海拔387公尺，十一面觀音壇位於制高點，基座南北向，從這裡可以360度全域廣角環視，環海視角約315度，從臺灣島「東北極」的鼻頭角、北方三嶼，一直到「東極」三貂角一覽無遺，西南方是卯澳港，遠眺蘭陽平原龜山島海域。

十一面觀音緣起

　　十一面觀音，又稱為十一面菩薩、大光普照觀音，係觀世音菩薩的化身。梵名意譯為十一最勝，或十一首，由於形像具十一首面，通稱為十一面觀音，一般表示「十地」，最頂一面，表示十地之上的佛果，成就阿耨多羅三藐三菩提。

　　密乘菩薩像以觀音出現最早，其中又以十一面觀音的經典及造像最早出現。有專家指出，十一面觀音淵源於印度婆羅門教之十一荒神，在西元五、六世紀時融入佛教。

　　日本學者岩本裕最早提出與《法華經》〈普門品〉有關的說法。依據梵文本，〈普門品〉章名的意思是；臉朝向各方所「普聽一切眾生疾苦」的佛。岩本裕認為，由於觀音面朝向十方法界眾生，加上正面，所以是十一面。

　　日本學者宮治昭則認為依據相關經典提到十一面觀音的三種表情：喜悅、慈悲、瞋怒的組合來判斷，應該源自印度神濕婆（Śiva：大自在天）的三面造型。

　　十一面觀音之傳揚，是由其神咒而來。早在千年以前，〈十一面觀世音神咒〉就已傳入中國，為十一億佛陀所說，威力甚大。

　　根據《佛說十一面觀世音神咒經》記載：「時觀世音菩薩白佛言，世尊，我有心咒，名十一面。此心咒十一億諸佛所說，我今說之，為一切眾生故，欲令一切眾生念善法故，欲令一切眾生無憂惱故，欲除一切眾生病故，為一切障難災怪惡夢欲除滅故，欲除一切橫病故，欲除一切諸噁心者令調柔故，欲除一切諸魔鬼障難不起故。」由此可知此神咒之廣大功德勢力。

十一面觀音的造像藝術

依《十一面觀世音神咒經》所示的造像法：「身須用白旃檀作觀世音像。其木要須精實不得枯箧。身長一尺三寸作十一頭。當前三面作菩薩面。左廂三面作瞋面。右廂三面似菩薩面狗牙上出。後有一面作大笑面。頂上一面作佛面。面悉向前後著光。其十一面各戴花冠。其花冠中各有阿彌陀佛。觀世音左手把澡瓶。瓶口出蓮花。展其右手以串瓔珞施無畏手。其像身須刻出瓔珞莊嚴。」

然而，十一面的配置，歷來並未皆如該經所載，流傳各有不同。慧沼釋疏為：前三面慈相，菩薩見到行善眾生時生出慈心的大慈與樂相；左三面瞋面，是菩薩見到行惡眾生時生出悲心的大悲救苦相；右三面獠牙上出面，菩薩見到淨業眾生時所發出的讚歎、勸進相；後一面暴大笑面，為菩薩見到善惡雜穢眾生時，為使其改惡向道所生的怪笑相；頂上佛面，是菩薩為修習大乘的眾生所作的說法相。

另外一個典故出自藏傳佛教《造像量度經》記載，羅剎鬼有十個腦袋，狂妄自大，觀音菩薩變成十一個頭，將其降伏。

15公尺

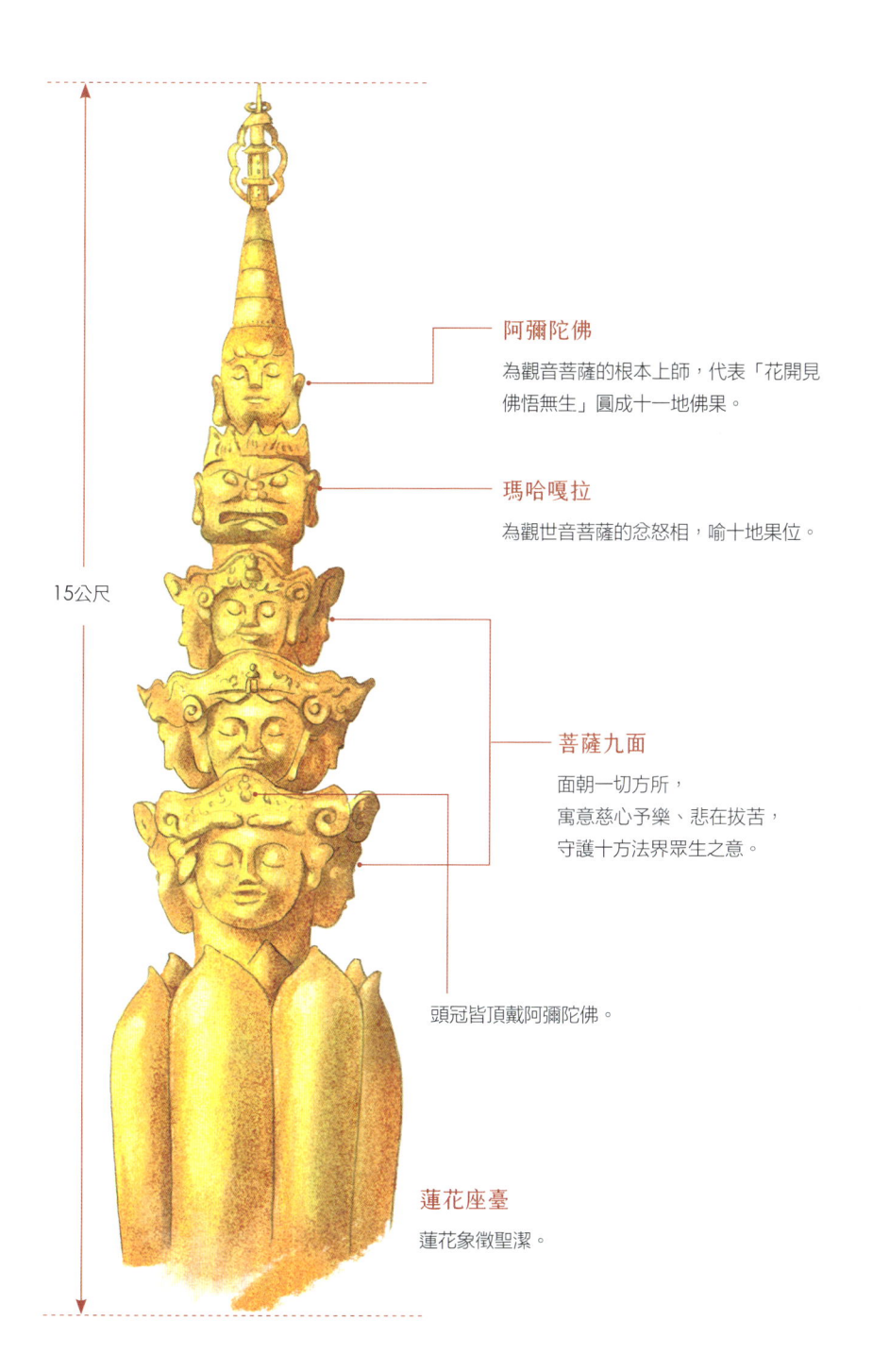

阿彌陀佛
為觀音菩薩的根本上師,代表「花開見佛悟無生」圓成十一地佛果。

瑪哈嘎拉
為觀世音菩薩的忿怒相,喻十地果位。

菩薩九面
面朝一切方所,
寓意慈心予樂、悲在拔苦,
守護十方法界眾生之意。

頭冠皆頂戴阿彌陀佛。

蓮花座臺
蓮花象徵聖潔。

靈鷲山行旅圖鑑

十一面觀音聖壇關房

十一面觀音主尊面向東南方,俯瞰多羅觀音道場,高15公尺,青銅鑄身,於蓮花中綻現,頭部九面朝向一切方所,第十面瑪哈嘎拉為觀世音菩薩的忿怒相,喻十地果位,其上頂戴根本上師阿彌陀佛。造像由心道法師指導,委託雕塑家楊柏林鑄造。

塔基四面,鑲嵌有五方佛浮雕壁龕、百八觀音、蓮師神變故事等彩繪銅雕。壇城分為上中下三圈,各有步道,可經行繞佛,分別代表法、報、化三身成就,最外圈步道環列供奉舍利塔108座,代表降伏一百零八種煩惱,成就一百零八種功德之寓意。

觀音百供

十一面觀音壇底座空間作關房。2010年,心道法師第一次到十一面觀音壇城,以基座作關房,每期閉關三七日,每年4期不等,至今不輟。修法關期每每氣象萬千、風起雲湧,彷彿天地感通,龍天護擁。

百八觀音與蓮師八變

靈鷲山「百八觀音」造像群，委由著名雕塑家林健成所造，除了壁龕鑲嵌在十一面觀音基座四圍牆面，另一組則安設在聖山寺金佛殿後殿。

壇城基座內向壁龕鑲嵌「蓮師八神變」彩銅雕，則委由雕塑家林昭慶所造。典故出自藏傳佛教祖師蓮花生大師降魔度化的故事。

據傳蓮師八世紀入藏，將佛法遍弘雪域，被尊為第二佛，以八種不同的形相弘揚佛法，應現度化不同因緣的眾生，稱為「蓮師八神變」、「蓮師八相」，分別為：海生金剛（措杰多傑）、蓮花生（貝瑪桑巴瓦）、蓮花王（貝瑪嘉波）、釋迦獅子（釋迦僧格）、日光蓮師（咕嚕尼瑪韋瑟）、具慧勝愛（洛滇秋瑟）、忿怒金剛（多傑綽洛）、獅子吼聲（僧格札卓），連同「主相狀」，共有九種不同造像，分別代表殊勝圓滿的「九乘次第教法」。

---

1. 節錄自《傳心》。
2. 查「卯里」應為「貓貍」之諧音。
3. 匹亞南構造線，臺灣地質上的一條構造線，位於中央山脈與雪山山脈之間，為劃分臺灣島東半部與西半部。
4. 東北季風烈而嚴，平均達七到九級風，直逼颱風之威。

圖解十一面觀音道場

❶ 十一面觀音
❷ 阿育王柱頭
❸ 舍利塔108座
❹ 五方佛塔

舍利塔 108 座
代表降伏一百零八種煩惱，成就一百零八種功德之寓意。

阿育王柱頭 ❷

法

報

化

靈鷲山行旅圖鑑

91

壇城基座有上中下三圈步道，
可經行繞佛，分別代表法、報、化三身成就。

多羅觀音道場

寂境

92

風動石──風動？還是石動？

有一回，心道法師帶弟子到「風動石」禪修。有徒弟以《六祖壇經》中「風動？幡動？還是仁者心動？」的公案為本提問：「師父啊，這裡為何叫風動石？是風動？還是石動？」只見師父淡定說：「萬物都在動，心靜下來聆聽，動靜二相，了然不生。」

我們要用觀音的慈悲把地球家庭照顧好！災難劫難愈多，愈是觀音菩薩救苦救難的時代。我們需要學習觀音的悲心願力，本著互益共生的精神，互相救難救劫，當眾人都像觀音，地球的平安就會呈現。娑婆世界最有善緣的修法，無非就是觀音法門了。[1]

——心道法師

多羅觀音道場

進入天眼門後右轉就抵達多羅觀音道場。多羅觀音為金身青銅塑像，含底座高約15公尺，示現為顰眉鰲面憤怒尊像，代表除垢障、誅滅煩惱；左手結「與願印」，右手結「施無畏印」。此尊委由雕塑家黃映蒲塑造。

1998年開山十五周年慶日，正式開光的多羅觀音，作「己亥向」，座東南、朝西北。東面朝向卯澳港燈塔——臺灣島的東極。

從十一面觀音望向天眼門、多羅觀音，山勢如馬鞍，天眼門正位於東北季風風口上，至多羅觀音道場視野頓然開闊。這裡是上院最大的平臺，每年觀音三會有千人朝山，皆以多羅觀音道場作圓滿總回向的終點。

2012年「世界地球日」，由心道法師發起，於總本山第一次啟建「百萬大悲咒共修」，為期三七日，此後年年舉辦，回向地球平安、世界和平。

頂戴阿彌陀佛

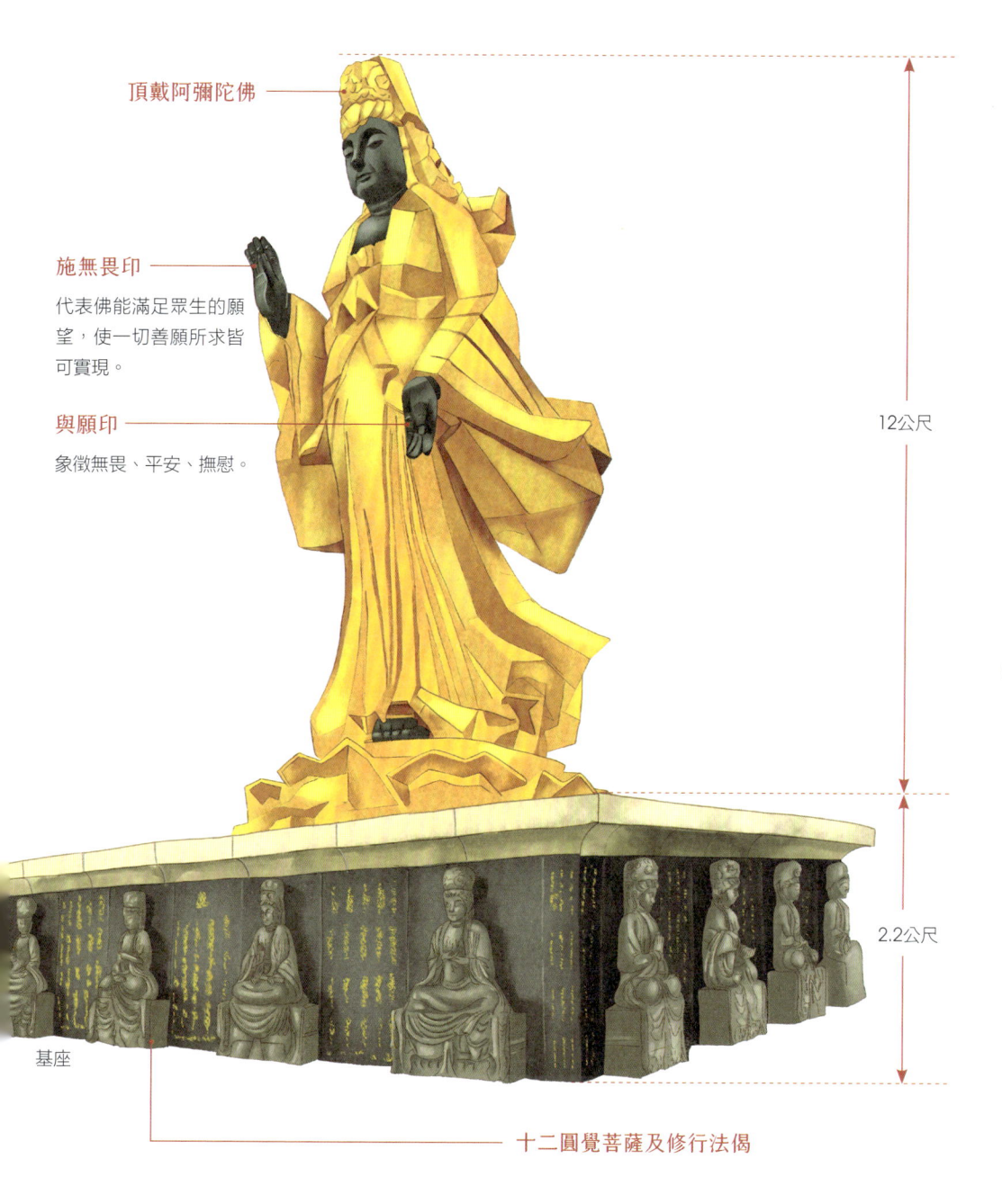

施無畏印
代表佛能滿足眾生的願望，使一切善願所求皆可實現。

與願印
象徵無畏、平安、撫慰。

12公尺

2.2公尺

基座

十二圓覺菩薩及修行法偈

靈鷲山行旅圖鑑

95

六字大明咒

十二圓覺菩薩造像與轉經輪

多羅觀音聖像基座，座臺前、左、右三面，各安奉四位圓覺菩薩浮雕，三面共十二位，出自《圓覺經》所述：文殊、普賢、普眼、金剛藏、彌勒、清淨慧、威德、辨音、淨諸業障、普覺、圓覺、賢善首等聖像，聖像旁有各自對應「修行口訣偈誦」，《圓覺經》云：「不求法脫。不厭生死。不愛涅槃。不敬持戒。不憎毀禁。不重久習。不輕初學。何以故一切覺故。」以契入圓滿清淨覺地。

基座後方通道設轉經輪，銅塑轉經輪上有觀音菩薩心咒「唵嘛呢叭咪吽」。《佛說大乘莊嚴寶王經》：「此六字大明陀羅尼，是觀自在菩薩摩訶薩微妙本心，若有知是微妙本心即知解脫。」經中描述，此咒之功德無量無邊不可思議，即使如世尊，於所有微塵皆能數其數量，若有念此六字大明陀羅尼一遍所獲功德，世尊不能數其數量。

繞行

轉經輪

賢善首菩薩

文殊菩薩

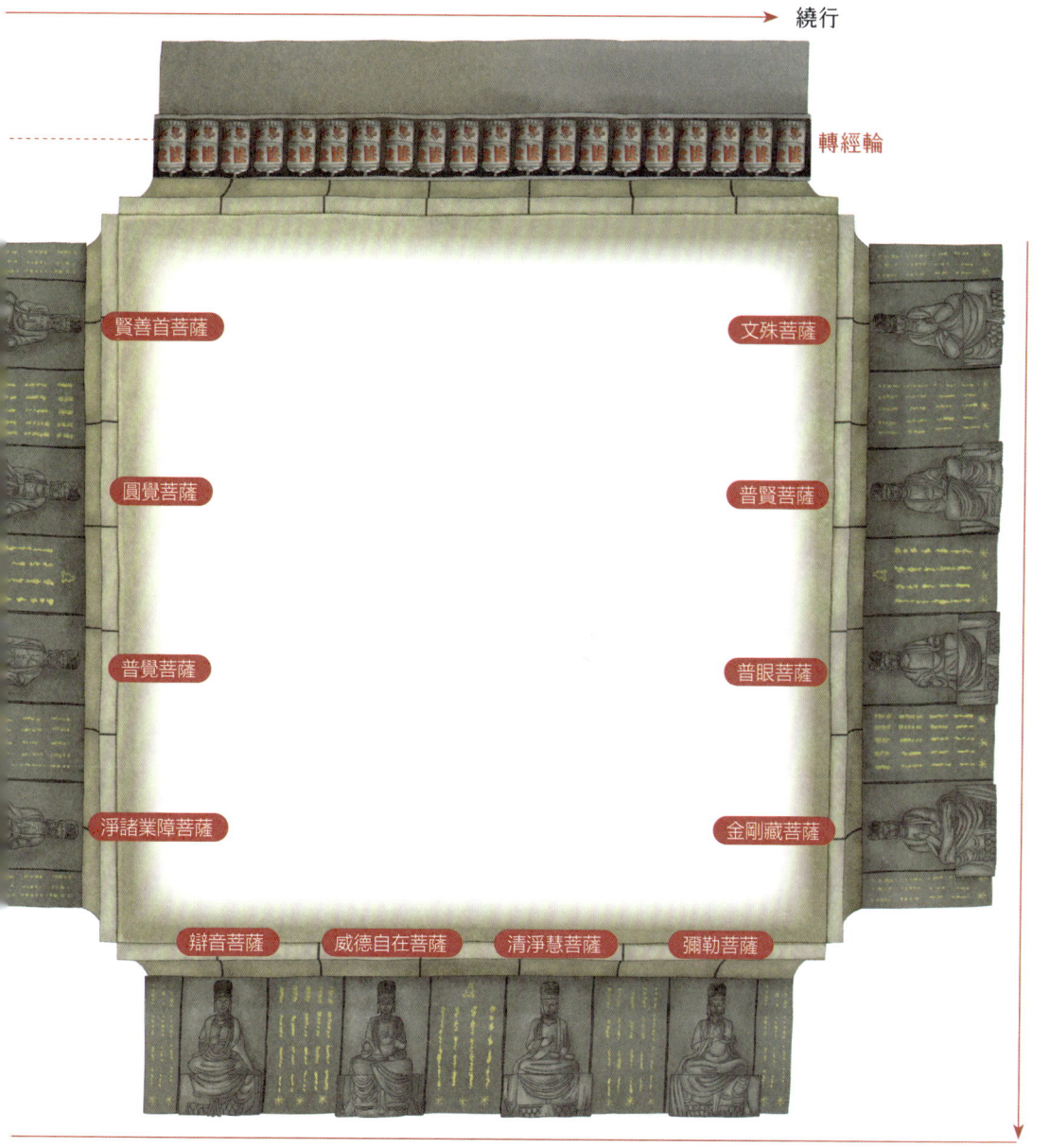

圓覺菩薩

普賢菩薩

普覺菩薩

普眼菩薩

淨諸業障菩薩

金剛藏菩薩

辯音菩薩　威德自在菩薩　清淨慧菩薩　彌勒菩薩

靈鷲山行旅圖鑑

圓覺菩薩浮雕暨修行偈誦

基座前、左、右三面，每面各安奉圓覺菩薩浮雕，三面共十二位，聖像旁有各自對應的修行偈誦，出自《圓覺經》記載，乃佛陀針對每一位菩薩的修行問題，所開示的修證口訣。

海天佛國一脈相連——普陀山有靈鷲峰・靈鷲山有普陀巖

靈鷲山與普陀山有著妙善因緣，一脈相承。普陀山有一靈鷲峰，臺灣靈鷲山前有普陀巖，並以觀音菩薩「耳根圓通法門」為宗門，遙相呼應。

2013年，靈鷲山「多羅觀音」複製縮型尊迎奉於普陀山梵音洞，兩岸觀音聖地締結佳話。兩岸觀音道場互結殊勝的兄弟寺法緣。

2013年6月28日，靈鷲山多羅觀音複製縮型尊迎奉於普陀山梵音洞。

多羅觀音的源流

多羅菩薩（梵語：तारा、Tārā；多羅），意為「救度者」、「保護者」、「救濟者」；又譯為多羅母、多羅佛母、度母、救度佛母。相傳多羅菩薩是從觀世音菩薩之化身，作般若救度母、多羅觀自在菩薩等，其餘還有「三世諸佛之母」、「一切眾生之母」、「度諸窮苦之母」等，又傳多羅菩薩有二十一種化身，或稱二十一度母，屬「悲生金剛」。

多羅菩薩在印度、日本甚受崇拜，在西藏與蒙古等地，多羅觀音的信仰亦盛，連遠嫁西藏藏王棄宗弄贊的文成公主都被視為多羅菩薩的化身，被稱為白多羅菩薩。

《佛說大方廣曼殊室利經》〈觀自在菩薩授記品〉中則記載道：「入于普光明多羅三昧。以三昧力。從其面輪右目瞳中大放光明。隨光流出現妙女形。住於殊勝妙色三昧。無價雜寶而為嚴身。如融真金映琉璃寶。所謂成就世出世間密言之要。能息眾生種種苦惱。亦能喜悅一切眾生。遍入諸佛法界自性。猶如虛空平等住故。普告眾生作如是言。誰在受苦誰在流溺生死海中。我令誓度。」這段經文主要說，度母（多羅菩薩）由觀自在菩薩右眼中放大光明而出生，誓言以慈光遍照一切眾生，如同慈母一般，以平等、憐憫之心救度眾生出離生死苦海，成就各種事業，令眾生心滿歡喜。遍照一切眾生，如同慈母一般，以平等、憐憫之心救度眾生出離生死苦海，成就各種事業，令眾生心滿歡喜。

塔林

靈鷲山舍利塔林有二大群落，一處在茗蘭山頂十一面觀音道場，環場108座，加上主塔、副塔共110座。另一處就是多羅觀音道場，全場53座塔，加上2016年廣場中央供奉的「無能勝塔」，共計54座塔。

多羅觀音道場環場山坡錯落佈局53座，每一座塔都以佛號命名，佛名號均出自《觀藥王藥上二菩薩經》。眾塔散落林間以石步道蜿蜒

修持「六字大明咒」之利益與功德

據《佛說大乘莊嚴寶王經》所載，佛陀對六字大明咒所蘊含的殊勝廣大的利益有極深廣的開導，其他經典亦盛讚觀音菩薩的修持功德，綜合略舉此咒功德利益如下：

一、如果將亡之人能聞六字大明咒，或持向屍體或骨骸，該人之意識即刻由下道之中得到解脫，往生上道，終得證果。

二、受持者的身體疾病及障礙將會被淨除；所造的語業被淨化，種下妙音的種子；所有意念之無明、愚癡將被淨除，得到佛菩薩智慧的加持祝佑。

三、受持者若精進的修持，可將凡夫之身口意轉化成佛菩薩之金剛身口意，甚至可將肉身修練出舍利子。

四、受持者，甚至只念誦一遍大明咒，亦可獲得無量智慧，最終將升起慈悲心，且圓滿六度波羅密；更將生為轉輪聖王，達到不會退轉的菩薩境界以至開悟。

串連，造型風格也不盡相同，可說涵蓋三乘，各顯特色，「五十三」之數也相應《華嚴經》善財童子五十三參。

心道法師曾說：「《大方廣佛華嚴經》是靈鷲山的本願經，這裡點點滴滴、每一個角落都是讓人發菩提心，這是一座『悲心周遍、緣起成佛』的聖山。」

五、凡有人或非人「見、聞、覺、受」（看見、聽到、憶念、觸及）到本咒，即刻種下成佛菩薩的因。

六、咒印功德利益：（一）降魔；（二）治病；（三）免劫；（四）各種成就；（五）去障；（六）登佛位。

七、此咒於大乘中，最上精純微妙。

八、此咒難得值遇，但念一遍是人當得一切如來以衣服、飲食、湯藥及座臥等資具一切供養。

九、若有得此陀羅尼者，是人貪、瞋、癡三毒不能染汙，猶如紫磨金寶，塵垢不可染著。

十、若有戴持此陀羅尼在身中者，是人亦不染著貪瞋癡病。

十一、此咒可去除無始以來的業障，且如同諸佛菩薩親臨灌頂。

每一座塔中裝臟有三寶精髓

靈鷲山塔林的每一座佛塔都裝臟包含三寶精髓：佛寶——佛陀舍利[2]；法寶——佛陀經藏，如《妙法蓮華經》、《華嚴經》、《楞伽經》等；僧寶——衣缽袈裟等聖物。

54座塔都是四眾弟子發心起造，各有因緣，例如靠近天眼門的「獅子吼自在力王佛塔」又稱「菩提塔」，於1999年安立，為當年救災因緣，後續心道法師特囑咐為1998年華航大園空難禳災祈福，造塔紀念。在這之中，以三世佛塔、八十八佛塔，還有2016年起建的無能勝佛塔，別具意義。

琉璃莊嚴王佛塔
（八十八佛塔）

1999年開光的「三世佛塔」[3]，又稱「普光佛塔」，為1998年四眾供養心道法師50歲的生日禮物，此塔是塔林中最高廣的一座，分為3層，四方佛龕裡供奉有12尊玉佛，內則裝臟佛陀舍利、13部大乘經典、袈裟、缽、羅漢舍利、緬甸聖地的泥土，以及心道師父法照和閉關的頭髮；同年，全山僧伽發起供奉的「琉璃莊嚴王佛塔」，扣除頂部一層四面大佛，整座塔共有88尊小佛，又稱為「八十八佛塔」。

三世佛塔
（普光佛塔）

「無能勝佛塔」位於多羅觀音廣場中間最顯目的位置，塔下是「地球平安」石雕，此塔為命名「無能勝」梵語Ajita，是「彌勒菩薩」的字號，紀念2015年圓寂的靈鷲山首徒宗一法性比丘尼，於2016年完工。

百萬大悲咒共修──「地球平安」石雕

2012年，心道法師首度於總本山發起三七日「百萬〈大悲咒〉共修」，回向地球平安，並於4月22日「世界地球日」總回向，此後年年傳承，靈鷲山四眾弟子為紀念修法緣起，特以心道法師墨寶「地球平安」鐫刻石上為誌。

造塔的意義

《華嚴經疏》舉出六種造塔的意義：

一、為表人勝：如來為三界至尊，建塔以表彰，令瞻仰而歸信。

二、令生淨信：為讓眾生瞻仰頂禮，而生崇敬正信之心。

三、令心歸向：令眾生心有所向，而敬慕皈依。

四、令供養生福：令眾生至心恭敬供養，以植福田。

五、為報恩行願：非為己身利益，乃為報答國王、父母、師友、檀越之恩，而完成無邊之願行。

六、令生福滅罪：非為種己身之福，乃為讓一切眾生凡瞻仰頂禮者，無不生一切福、滅一切罪。

無能勝佛塔

靈鷲山行旅圖鑑

105

正面　　　背面

「地球平安」巨石刻

百年乾旱，啟建「龍王碑」

2021年臺灣遭遇大乾旱，水情嚴峻，心道法師應十方緣求解旱之修法，藉春安居七七禪關圓滿日，啟建《大雲輪請雨經》共修三七永日，並全程駐守壇城；7月25日開山周年慶，當日得訊全臺水庫全數達標，水情解困。為此修法緣起，勘定儀軌的證守法師提議刻碑紀念，遂供奉「龍王如來名號碑」，由心道法師擇多羅觀音道場制高點安座永誌。

龍王碑

1. 節錄自《聞盡》。
2. 佛陀在滅度時,以自性引發三昧真火,將自身化成八萬四千舍利,代表戒、定、慧等功德圓滿所薰修,見舍利如見佛。世間舍利塔由來——佛滅後由香姓婆羅門將佛陀舍利分為八份,分令迦毘羅衛國等八國請回起塔供養安奉。阿育王時又在國威所及的殊勝聖地,建造八萬四千座塔來供佛舍利。唐朝玄奘、法顯遊歷天竺國的記載也有親見阿育王時期的佛塔,這些古塔隨時代逐漸煙滅灰頹於歷史洪流之中,後世多有發現應為阿育王造塔功績所遺。
3. 三世佛,又有「橫三世」、「縱三世」之說。「橫三世」指的是中央釋迦佛,東方藥師佛,西方阿彌陀佛;「縱三世」指的是過去佛燃燈佛、現在佛釋迦牟尼佛、未來佛彌勒佛。此塔取以「縱三世佛」說法。

圖解多羅觀音道場

❶ 風動石
❷ 琉璃莊嚴王佛塔
❸ 石階步道
❹ 龍王碑
❺ 三世佛塔
❻ 無能勝佛塔
❼ 「地球平安」巨石刻
❽ 多羅觀音
❾ 圓覺菩薩浮雕暨修行偈誦

塔林

寂境

108

百萬大悲咒
願力閉關紀念

塔林

靈鷲山行旅圖鑑

109

觀音道場

靈鷲山以觀音法門為修持，因此山上觀音聖像眾多，正是名符其實的觀音道場——

多羅觀音
高12公尺，位於多羅觀音道場。
詳見92頁。

十一面觀音
高15公尺，位於十一面觀音道場。
詳見82頁。

毘盧觀音
高4.3公尺，位於圓通寶殿。
詳見150頁。

千手千眼觀世音菩薩（尼泊爾 2015）
位於圓通寶殿偏殿。詳見150頁。

站立觀音

約一肘高,位於觀音殿。

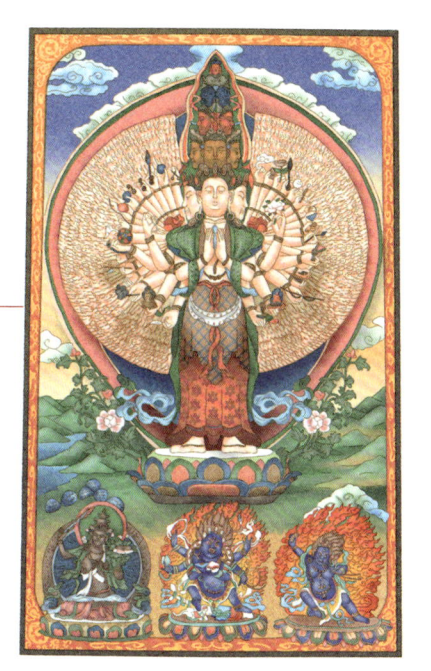

十一面千手千眼觀音(噶陀傳承)

位於金佛殿。詳見192頁。

靈鷲山行旅圖鑑

百八觀音

每一件40X40公分,
位於金佛殿。
詳見192頁。

觀音道場

名符其實的觀音聖山

靈鷲山上院有諸多獨特的觀音造像藝術,包括:鰲面多羅觀音、毘盧觀音、十一面觀音,都聞名遐邇;下院則有「噶陀傳承的千手千眼觀音」以及「百八觀音」立體彩繪銅雕壇城,安座於金佛殿後堂。

心道法師自述:「觀音菩薩一直都是我最親最近的親人,也是我的偶像、我的修道世界。思及觀音,讓我確定了一生追求的目標。從戰場到墳場,從墳場到道場,我的大半生從緬甸到了臺灣;從籌設世界宗教博物館的因緣,再到世界各地,一路都被觀音菩薩照顧著、啟發著。我內心覺得,我這一生是來替觀音打工的,盡力做點接引的任務。」[1]

靈鷲山的時空、法緣與徵兆,都與觀音菩薩關聯。

靈鷲山以「慈悲與禪」立宗風，大殿於1984年「觀音成道日」開光。心道法師修持依於《楞嚴經》觀音菩薩「耳根圓通法門」，以「寂靜修」為宗門，〈大悲咒〉是隨身修誦；每季師父則個人閉關三七日，修「觀音百供」。

總本山有固定的法供養共修，春安居禪關七七日，夏天「百萬〈大悲咒〉共修」，秋季水陸空大法會，冬季年終則有《大方廣佛華嚴經》(八十華嚴)共修等，四季修法是靈鷲山日常。

心道法師與觀音

刺身報佛恩，觀音為上師

因緣際會，心道法師幼年來臺時，從軍中醫官處聽聞觀世音菩薩「千處祈求千處現、苦海常做渡人舟」的濟世事蹟，心中悲欣交集，深心感應而立誓，遂自己在胸口刺「卍」字，並分別雙臂、腹部刺字「悟性報觀音」、「吾不成佛誓不休」、「真如度眾生」，以此明志，將此身心奉塵剎。

心道法師與〈大悲咒〉

心道法師以觀音法門主要修持。法師說：「持〈大悲咒〉能增益我們的道業資糧——福報、人緣、財運，所求如願，也會令種種災難遠離。持〈大悲咒〉要為一切眾生，要發十種心。持〈大悲咒〉就是播撒和平的種子，讓菩提種子傳下去了，世間災難才會消弭，大家的生活也會安定。持咒是要相應連結觀音的悲願，當我們的心和平了，世界也就和平。」

---

1. 節錄自《願力的財富》。

天眼門

寂境

114

靈鷲山行旅圖鑑

有一回天高氣爽,心道法師經行於天眼門附近。
走著走著,作聲問隨行徒弟:「天眼門在哪裡?」
弟子一臉疑問,指向天眼門說:「師父啊,不就那裡嗎!」
心道法師笑道:「不,因為你們看不到門,我才把它框起來!」

進入靈鷲山上院，老遠會看見一對極為顯目獨特的「大眼睛」，命名「天眼門」，心道法師說從這裡「入空門、行大慈悲行」。

「天眼門」寓以虛空之眼、空性之眼入法界海，代表菩薩道行者要有「高高山頂立，深深海底行」的氣魄；如同尼泊爾加德滿都大佛塔的佛眼，象徵諸佛菩薩恆以慈悲之眼注視眾生，守護救度眾生，為令眾生開啟本自俱足的心意寶藏。

天眼門立於1996年，高約12.7公尺，寬約14.5公尺，形如二眼以蓮花連結，既是眼睛也像一對鷲鳥，以鳥喙相對。天眼造型材質由青銅所製，由巨石柱拱頂著，兩石柱由印度紅砂岩塊疊起，柱身寬1.5公尺，兩柱跨距5.8公尺，岩塊每一面都刻有世界各大宗教的古老圖騰，共有39幅圖騰，象徵「百千法門、同歸方寸」萬法唯心的精神，與創立世界宗教博物館的理念「尊重每一個信仰、包容每一個族群、博愛每一個生命」遙相呼應。

天眼門是總本山最具原創代表性的藝術景觀標誌，源於《華嚴經》的理念，也蘊含著心道法師對宗風的期許，希望總本山就像世界宗教文化藝術的國家公園一般，海納百川、包容萬緣，寓教於境，利益十方參訪者。

從天眼門往下，進入總本山內院，開始巡禮殿堂區，如心道法師所說「從空門入，深深慈悲行」。行者入門，觀想邁入無二門，離生死海，登清涼地。

靈鷲山行旅圖鑑 117

圖解天眼門

寂境
118

天眼

指虛空之眼，寓意諸法性空，也象徵佛眼澈見十方三世法界眾生。

靈鷲山行旅圖鑑

119

門柱

以印度高硬度紅砂岩為建材，如袈裟般的赭紅色，厚實而飽和，柱上刻畫各大宗教的古老修行圖騰符號，代表世界各大宗教文化的起源，同一靈性。

門柱上的圖騰，你認識幾個？

「天眼門」主要傳達「百千法門、同歸方寸」的寓意，石柱柱身各4面共39幅圖騰雕刻，來自世界各種信仰傳統，以「門」表示接引不同的眾生「同歸大覺海」，因為靈性同源、萬有平等，生命應彼此尊重，彼此包容生存的空間，博愛是互濟共生、相依共存，良性互動，彼此分享給予，共創「愛與和平」的地球家庭。

「天眼門」作為總本山標的物，呼應心道法師的華嚴理念，2001年以「尊重、包容、博愛」理念，創建了世界宗教博物館，推動「愛地球、愛和平運動」，並開始籌備「生命和平大學」計劃。

自然之神

自然有靈，在古老文明裡，最常見太陽神。

古巴比倫人將太陽神烏圖視為黑暗的戰勝者，能夠給世人帶來光明和生命；美索不達米亞閃族認為馬是太陽的象徵；印加帝國主要信仰太陽神因蒂，並自認為是太陽神的後裔。

而有名的阿茲特克太陽曆（xiuhpohualli），繼承自馬雅曆法。太陽石原來是被平放在一座鷹像前的臺座上，作為太陽神來崇拜，此石正中央是太陽神托納提烏（Tonatiuh），周圍雕刻著阿茲特克曆法與解釋宇宙的各種符號與圖案。

神樹傳說存在於多個文化中，可能是誕生世界、支撐世界、作為神明居所，或者作為通天之路等。

馬雅人相信世界的中心有一棵世界樹支撐著天地，同時根部貫穿到地底世界，樹的頂端站著聖鳥金剛鸚鵡。此樹溝通三界（上界、人界、下界），人死後的靈魂，能量順著樹身在三界流動。

在北歐神話和芬蘭神話中，世界之樹的枝幹構成了整個世界，此樹高達天際，衍生九個王國，而人類居住於中土（中庭）。

太陽神托納提烏（Tonatiuh）

墨西哥，約西元14世紀

本圖為阿茲特克太陽曆石局部。太陽石是阿茲特克人的智慧結晶，蘊藏天文知識，也傳遞了獨特的生命觀，從中一窺古文明中的科學、神話、信仰、哲學、傳統與藝術。印加人相信有來世，死亡是一條充滿艱難的、通向未來的道路。印加人傳說的來世和歐美的天國大致相同，都是一個布滿花朵的土地，山峰上蓋滿白雪的美麗世界。印加傳統中不對死者進行火葬，他們認為這樣會妨礙死者進入來世。

各宗教圖騰的寓意

在各宗教信仰中的符號圖騰等，各有其不同的象徵意義。

十字架圖案是基督宗教的主要象徵標誌，普遍為天主教、東正教、新教等其他基督傳統所共同有。羅馬公教、東正教的信徒在胸前畫十字或佩帶十字架以堅定信仰、作潔淨之用，或紀念耶穌為拯救全人類而死。

道教的符和籙是兩種不同的事物，統稱為「符籙」，具有召役鬼神的功能，透過不同形式的符文系統，與天地溝通。

八吉祥中的盤長，形狀迴旋盤繞、連綿不斷，有如無始無終的無盡之紐。代表佛心廣大，佛智圓滿；也象徵佛法貫徹圓融，一切通明，無有止盡，具有正法久住的意義。

金剛杵，原為古代印度神話中因陀羅的武器，象徵閃電或指稱鑽石。由於質地堅固，能擊破各種物質，故佛教常借來比喻摧破一切煩惱障礙。

六芒星發源於印度教的古老宗派TANTRISM，當中崇拜的偶像為男根與女陰的結合體，男根是向上的正三角形，而女陰則是向下的反三角形，有生命輪回的意義。

生命之旅

有別於一般認為時間是線性的，古埃及人認為當下的時間是循環往復的。古埃及人將日常生活中事件視為神話傳統的一部分，例如日夜循環被視作太陽神拉在白晝穿過人世，並在黑夜穿過冥界。埃及人將死亡看作是一次危險旅程的開端，而非生命的終點，因而有亡靈之書。

印加人相信有來世，死亡是一條充滿艱難的、通向未來的道路。印加人傳說的來世和歐美的天國大致相同，都是一個布滿花朵的土地，山峰上蓋滿白雪的美麗世界。印加傳統中不對死者進行火葬，他們認為這樣會妨礙死者進入來世。

阿茲特克曆法認為宇宙已度過了四個循環時期，每個時期都有一個太陽，而阿茲特克的建立是在第五個太陽紀。古阿茲特克人認為「人的死亡乃是生命的延續，因為死亡源於生命本能。」阿茲特克太陽曆表達宇宙無盡的輪迴觀。

來靈鷲山走一趟古文明宗教圖騰之旅，觀摩各文明發展之間的異與同，對世界宗教博物館入口的「百千法門，同歸方寸」更加心領神會，這是源自四祖道信禪師的法語「百千法門，同歸方寸，河沙妙德，總在心源。」

克里特迷宮

克里特迷宮是由好幾條路線組成，搭配了諸多讓人迷惑的通道。希臘神話中，統治克里特島的米諾斯國王就住在克諾索斯宮。國王下令手藝精妙的工匠代達羅斯建造一座迷宮，用來囚禁米諾陶洛斯，據傳米諾陶洛斯是半人半牛的怪物。

阿育吠陀

在佛教、耆那教和印度教信仰中，脈輪是身體的重要能量中心。脈輪位於沿著脊柱貫通全身，主要有七個不同能量穴位，被認為是引導宇宙能量的旋轉漩渦。脈輪能量以心為導引，其流動的阻塞或中斷會導致各種身心疾病或障礙。

阿育王柱

靈鷲山無生道場

柱身題字
建築大師漢寶德墨寶。

「阿育王柱」是靈鷲山的地標，有二座，分別立於總本山上院朝山大道、聖山寺福城入口，互相輝映。

靈鷲山上院無生道場朝山大道，以「阿育王柱」為起點。從阿育王柱到天眼門這段朝山大道全長約3公里，每年「觀音三會」總有千人朝山進行。

——— 蓮花瓣
——— 四聖獸

阿育王柱的緣起

「阿育王柱」源起於印度孔雀王朝，為阿育王（約西元前304年－前232年）顯揚國威所立。阿育王是佛教史上著名的仁王護法，早年是好戰的暴君，在四方征戰中，看盡極端血腥的屠殺，甚至誤殺自己崇敬的僧人，深深自責懊悔而後皈依佛門，開始宣揚佛陀和平與慈悲，並於國力所及的重要聖地均豎立石柱，柱身雕刻詔敕，大力弘揚佛教，並發起第三次經典集結，由於阿育王的努力，佛教變成印度國教，並從印度向全球弘揚開來，成為世界性的宗教。

1996年朝山大道開通，2008年開山二十五年前夕，心道法師立阿育王柱標誌山門所在。此阿育王作為總地標，柱高14公尺，柱頂雕飾蓮花座墊，座墊沿刻有四方聖獸，其上座立四頭獅子，面朝四方，獅首共同頂戴法輪，柱身有心道法師以漢寶德先生提字鐫刻的「靈鷲山無生道場」。

阿育王柱柱頂與柱底
圖騰雕飾之寓意：

法輪
代表正法久住、法輪常轉。

獅子
面朝四方的四頭獅子，代表佛陀威德力震攝十方。

蓮花瓣
喻意菩提心。

四聖獸：
獅子、象、馬、公牛。獅子是百獸之王，代表釋迦族；象代表大實踐的行願；馬代表悉達多太子離開王宮出家修行；公牛代表忍辱負重。

獅子　　　　馬　　　　公牛　　　　象

2008年這一年，心道法師邀約漢先生墨寶，以「靈鷲山無生道場」雕刻作阿育王柱的山門地標，同時華藏海、開山聖殿、聞喜堂等殿堂匾額，皆用漢先生墨寶以茲紀念。

　　總本山上院幅員遼闊，從阿育王柱開始車道管制，正式轉進四大名山朝山大道，這裡是當年漢寶德先生規劃的「宗教文化園區」佔地約262公頃地，目前寺院日用維護區約22.6公頃，包含各殿堂以及環山景點朝聖地景等。心道法師早在開山之初就胸有丘壑，以悲智願行「四大名山」作為聖山佈局，以華嚴理念規劃「四期教育」作為三乘傳承的藍圖，把靈鷲山建設成現代佛子「生命和平大學習」的大蘭若。

受頒「臺灣宗教百景」紀念碑

　　2013年，靈鷲山無生道場獲選為「臺灣宗教百景」，獲臺灣內政部頒贈這一座「臺灣宗教百景」紀念碑，雷刻鋼鈑，安奉阿育王柱旁。

　　「臺灣宗教百景」票選活動由臺灣內政部主辦，由網路公開票選，經專家評選產生。透過「臺灣宗教文化地圖」（Taiwan Religious Culture Map）官方網站，介紹臺灣多元宗教文化之美。

心道法師口述漢寶德——直言無諱的諍友

「當初遇到漢寶德，我想請他幫忙，他聽完後說：『你不可能成功！』」

「一開始，他不看好，他提出的都是很實際問題，也看到經營的困難，後來他參與其中，才體會我要的理念。2015年冬天，宗博第十四年時，漢寶德走了，我蠻思念他，還有他那許多直率的箴言，只要對博物館有幫助，他都直言不諱，他曾經說自己生命有三個階段，前二個是美育教育、科學教育，第三個是生命教育，每一個階段都有代表作，生命教育的階段就是以擔任宗博館長的任期為代表。」

「記得十周年館慶時，有記者問漢先生：聽說有許多國家都提出要複製宗博，宗博怎麼看？老漢直接回答他：『不可能！』他說：『宗博不可能複製，這是心道法師帶動幾十萬人做出來的，這種經驗不可能複製，只有傳承下去。』我跟漢先生有許多難解、難得又難忘的緣分，我很感謝他。」

「記得宗博開館前兩年，為了尋聘開館館長，我曾經拜訪漢先生，當時他因為公職在身而拒絕我，一直到開館時，我們還沒有找到館長，這一年我們很辛苦，所以我回頭又想到他，就在開館第二年，他在周遭親朋好友都不看好的情況下，力排眾議，就任到位，加入我們的行列。」

「當時館務繁雜，教團經濟都靠勸募，我感謝他一口答應，他說：『身為臺灣一介知識份子，很過意不去的是，當年沒有適時伸出援手，協助銜接RAA國際設計團隊，才讓心道法師的籌備很辛苦，開館時又蒙受許多誤會。』我們的合作開始於這一份知交，那麼，我們也共同做一些有意義的事情。漢先生為宗博樹立許多里程碑。」

節錄自《坐禪的力量》

朝山

心道法師:「當內心不知該怎麼做的時候,就從懺悔開始!」

寂境

　　每逢假日或是特別節慶,靈鷲山上院阿育王柱入山口,常見相約而來的「朝山客」,口誦佛號,或三步或九步一拜,謙卑虔敬,在「往昔所造諸惡業,今在佛前求懺悔」的唱誦中朝拜匍匐前行,看到天眼門,朝山行也近尾聲,直到多羅觀音面前,圓滿回向,全程大約二小時。

靈鷲山行旅圖鑑

131

朝山

寂
境

朝山殊勝行

　　祖師大德朝禮聖地，行腳人間，是很重要的菩薩道加行，近代禪宗祖師虛雲和尚為了報答雙親養育之恩，在四十三歲時（光緒八年）從普陀山法華庵朝禮到山西五台山，沿途歷經顯難，感應文殊菩薩示現來接濟，歷時三年圓滿。

　　朝山貴乎誠心，三步一拜、九步一叩，虔誠必蒙感應，如無法跪拜，依行者發心，亦可隨喜隨緣，方便問訊作禮前進。

朝山圓滿回向

　　朝山圓滿，請於佛前作「回向」，願以此行的體會與法喜，回向一切法界有情眾生解脫身心，同登覺岸。

觀音三會 大願之路

　　靈鷲山四眾弟子每年都在佛菩薩聖日發起大朝山，尤其是從2017年開始固定的「觀音三會」，亦即「觀音三大節日」：農曆2月19日誕辰、農曆6月19日成道、農曆9月19日出家大朝山。

　　心道法師也曾開示：「朝，就是禮敬仰望聖山。朝山時，最重要是心懷懺悔、感恩、謙卑，如此身心柔軟放下，必蒙感應，一切障礙轉吉祥。」

十二因緣圖

入天眼門，路邊迎面有「四大天王」還有中間立了一座來自緬甸的法輪：「十二因緣圖」石雕。

這座石刻圖，是已故禪修大師摩構禪師所繪製，揭示佛陀證悟的基本法則，貫串五蘊、四聖諦、十二因緣等基本教理，也指示了止觀

修證法要，可謂是通三乘的佛法核心，以輪軸圖表解時，貫穿教理，相較於多張分立的樹狀圖，更易理解與學習。

摩構禪法

摩構禪法是緬甸五種內觀禪修法之一。摩構禪師是緬甸的大禪師，他發展一套加重呼吸內觀禪法方式，受益者非常廣大，他也是肉身不壞的成就者。

緬甸上座部傳承——心道法師的南傳瑪哈喜傳承

1993年2月，心道法師在闊別緬甸32年後，重返故鄉，參加三藏比丘授證大典，因緣際會，拜見當時的緬甸最受朝野敬重的國師，也是國家佛教教育最高成就獎得主、仰光省僧伽委員會主席巴丹達‧郭德剌尊者，烏郭達剌也是瑪哈喜禪師的嫡傳弟子。次年，1994年10月21日，在烏郭達剌尊者座下圓滿受持南傳羅漢戒法，被授與法名「烏谷達剌」，現場尊證共有47位全國僧伽委員會中央僧委，其中包括國家僧伽委員會主席、副主席，當時的宗教部長、副部長等均列位見證。

靈鷲山每年緬甸法成就寺都舉辦一年一度供萬僧及南傳短期出家戒法，臺灣總本山2014年開始每年固定南傳三藏教法課程，由緬甸上座部佛教巴利大學校長鳩摩羅尊者擔任教授。

1994年10月21日，心道法師在烏郭達剌尊者座下，受持南傳羅漢戒。

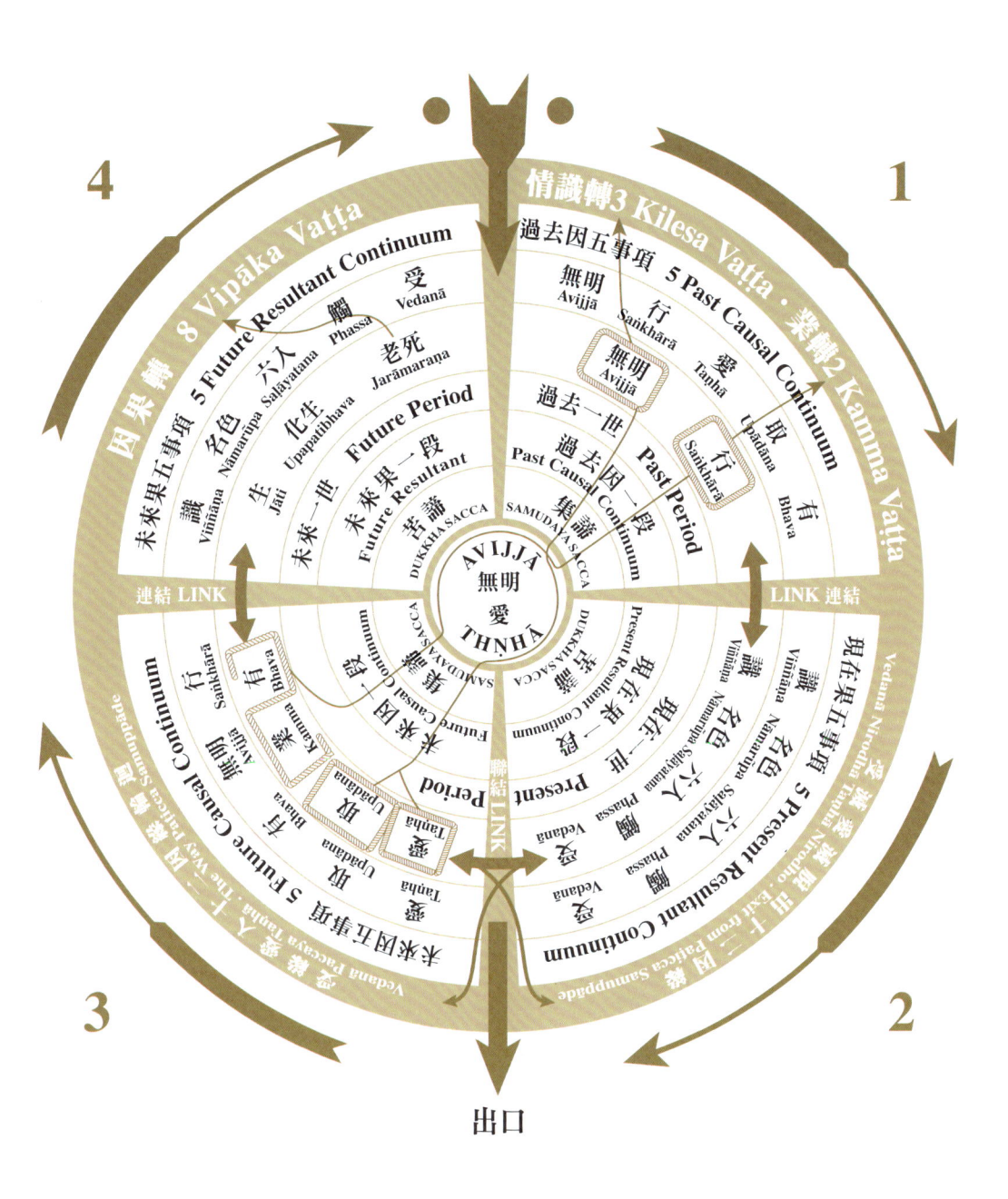

此輪圖為緬甸摩構禪師所繪製的「十二因緣圖」。

聞喜之堂　財寶宮殿

寂境

138

心道法師說：「到這裡，是會讓你開心的地方。」聞喜堂，位於上院天眼門到客堂之間，從天眼門進入，俯瞰太平洋，沿途緩坡第一棟殿堂。屋頂有雙鹿法輪。

白玉臥佛，早年草堂選佛場

由於東北季風直撲，這山頭以天眼門為界，林相一分為二，山門外是灌木林相，山門內是迎風向，多長芒草，偶有筆筒樹參差。

開山後，心道法師以「工作即修行、生活即福田」的「生活禪」理念作教化，全山僧伽固定一年有四季禪關。當時沒有正式禪堂，就在這裡搭茅棚，以筆筒樹幹為柱、茅草鋪頂，水泥模板鋪地為禪墊，草棚中供奉一尊緬甸白玉臥佛，分為東西二單，作為僧伽四季禪關的「選佛場」。這個草堂的四季禪關，一直到1996年毀於賀伯颱風。

2001年修繕後，心道法師以「密勒日巴尊者」名字命名為「聞喜堂」，原來草堂臥佛，依然供奉在一樓。一樓入口處，供一尊來自泰國的四面佛，靠山側廊「悅意時」是行旅駐足的歇腳處，主要設有輕食區及文物義賣區。二樓是「財寶宮殿」，供奉寧瑪噶陀傳承聖位、本寺守護殿庭堂宇山門土地諸神聖位等，主尊為身量1.5公尺的財寶天王鎏金銅鑄像。

雙鹿法輪

　　聞喜堂屋頂上，安置著象徵法輪常轉、普利十方的金色「雙鹿法輪」銅雕像。雙鹿法輪代表鹿野苑，是佛陀在菩提樹下證悟後，初轉法輪的地方，為五比丘說四聖諦、十二因緣法，自此開始行腳人間。《雜阿含經》：「此處仙人園鹿野苑，如來於中為五比丘三轉十二行法輪。」

　　佛教以「輪」來比喻佛法無邊，具有摧邪顯正的作用。法輪軸心代表戒律，軸心渦旋代表三法印「諸行無常、諸法無我、涅槃寂靜」；軸輻共有八條，代表八正道「正見、正思維、正語、正業、正命、正精進、正念、正定」；輪輞外圈代表定學，以正念三昧攝萬法。雙鹿象徵佛陀初轉法輪的鹿野苑，經典記載佛陀證悟時大梵天與帝釋天來獻供，示現為鹿，故以昂首跪姿的雙鹿代表降伏身心、虔誠聽聞法教的受法弟子眾；直視的金輪，代表佛陀初轉法輪。

財寶天王宮殿

來到聞喜堂二樓,便是財寶宮殿。財寶天王藏傳名「南退謝」,身像金黃色,一面二臂,頭戴五佛寶冠,身穿黃金鎧甲,佩諸珍寶瓔珞,右持寶幢,左抱吐寶鼠「紐列」,以菩薩如意坐姿,坐於伏地白獅子上,身上放射如十萬旭日之光芒。

財寶天王為帝釋天外臣,以能護持世間故稱護世者,梵名「毘沙門」,即四大天王之首的「多聞天王」,福德聞名四方,居須彌山北,率夜叉諸部。依經典所記,在釋迦佛住世時,當時天王在佛前立下誓願,護持佛法,並給予眾生財富資糧,令其成就世間法;釋迦佛入滅時,曾咐囑四大天王,在未來世邪見王毀滅佛法時必須護持佛法,當時財寶天王頂禮佛前發願率一切眷屬來保護閻浮堤北方,令正法久住。

參訪行者來到財寶天王前祈求,應發願常行慈悲喜捨,利樂眾生,並持誦財寶天王心咒「嗡・貝也・夏瓦・納耶・梭哈」。心道法師曾開示:「學習佛法是累積福報、智慧資財最好的方法,我們把智慧善緣的種子存在每一個眾生的記憶體,如同錢存銀行股,如此生生世世都有用不盡的福德善緣了!」

除了財寶天王,亦供奉噶陀傳承主要祖師聖像。靈鷲山僧伽每日共修噶陀龍薩寧波傳承護法,每月初十、二十五共修蓮師薈供、空行薈供。每年新春,靈鷲山舉辦財神法會。2019年1月,由寧瑪派畫師手工彩繪壇城完工,每月固定於第4周周末共修3天,包括財神法及藥師、地藏、文殊、觀音菩薩法,長年以法供養十方。

主壇城前方設有「五姓財神祈願缸」，分別代表黃財神、紅財神、綠財神、黑財神、白財神，各有意義。

■ 黃財神主增長福德，祈願使一切眾生脫於貧困，祛除惡業，財源廣進。

■ 紅財神主所求滿願，祈願招聚人才、財富、善緣自在。

■ 綠財神主事業圓滿，祈願善業滿願，世間財、法財好運吉祥。

■ 黑財神主祛除無明，祈願消除逆緣、惡運，祛除怨敵、病魔、偷盜等障礙。

■ 白財神主祛除病苦，祈願平息災難，遠離貧病窮困，增長善業。

寧瑪派噶陀傳承——十萬虹光身成就

藏傳佛教有寧瑪、薩迦、格魯、噶舉四大教派，均來自於釋迦牟尼佛清淨無染的正法傳承。其中最古老的是寧瑪派，從8世紀蓮花生大士傳下來。「寧瑪」藏語之意為「古」或「舊」，特別注重舊譯經典、巖傳伏藏傳承，以「大圓滿教法」實修聞名。

據傳寧瑪派的噶陀傳承的創立，始於噶陀宗師唐巴德謝(1122—1192)，被視為是文殊菩薩的化身，1159年建噶陀寺(Katok Monastery)後，尊者於1162年設立講經院、進修院等，教導無數弟子。寧瑪派至今已有1,200多年的歷史，著名的有六大金剛道場，而其中「噶陀祖寺」始建於12世紀。

2002年4月7日，莫札法王委由毘盧仁波切來山為心道法師主持傳承認證陞座法會。

「噶陀祖寺」由噶陀祖師唐巴德謝於1159年建立，位於金沙江流域的白玉縣河坡地區，至今有864年歷史。在過去的800多年間，由噶陀聖地虹化成就的修行者有十萬之眾。「噶陀多吉滇」，「噶陀」藏語意思是「噶字上面」，這裡有一巨大光滑的大白石，石上天然形成一藏文字母第一個字「ཀ」，中譯「噶」，「噶」代表「開頭」的意思，寺院建立在此，因此而得名，「多吉滇」意為「金剛座」，其加持力與印度金剛座相同，故又被稱為「第二金剛座」。

　　蓮花生大師曾親自為「噶陀」勝住加持13次。從蓮師的大弟子毘盧遮那譯師（毘盧遮那第卅六世轉世化身為當代毘盧蔣揚堅參仁波切，即是心道法師的親教師）和噶唐巴德謝開始，到亞喇白瑪登督為止，先後得到虹化成就的修行者有十萬人之眾，因此噶陀傳承號稱「十萬修行十萬虹光身成就者」，舉世聞名。

2007年2月4日，莫札法王蒞臨總本山，為心道法師關中的蓄髮主持剃淨儀式，並題字於大殿聖石上。

噶陀寺曾於1656年重建，80年代由第六世莫札法王再度發起重修，歷經10年修復完成。噶陀傳承的道場除噶陀寺以外，還有八大分寺，其中最著名的有錫欽喀瑪密咒興教林，簡稱錫欽寺。錫欽寺這一代寺主，即毘盧遮那第卅六世毘盧仁波切，在尼泊爾加德滿都興建「錫欽毘盧林」，後將傳承灌頂口傳教授無遺傳予心道法師，是靈鷲山寧瑪噶陀傳承的法教根源，毘盧仁波切又為心道法師尋得尼泊爾桑窟聖地，促成靈鷲山「密勒日巴國際禪林中心」的成立。自此，靈鷲山與錫欽毘盧林正式成為噶陀傳承的主要寺院。

第六世莫札法王認證心道法師

心道法師與身俱三乘傳承，其中藏傳佛教中，與噶舉派[1]以及寧瑪派噶陀傳承法緣最深厚。2001年，心道法師得到寧瑪噶陀派傳承最高持有者第六世莫札法王吉扎雪勒郎加仁波切[2]之認證，莫札法王親筆認證書，顯示法師前世為噶陀傳承成就者卻吉多傑之轉世，賜名巴吉多傑（吉祥金剛）。

2002年4月，莫札法王委由毘盧仁波切[3]親自到靈鷲山主持傳承陞座法會，心道法師正式受領莫札法王交付之虹光身成就者轉世認證書。當日毘盧仁波切於陞座儀式開示：「今日所舉辦陞座大典的意義為何？是由當今寧瑪派噶陀領袖莫札法王，去年見到了毘盧仁波切時曾經提到，心道法師總體來說是佛教的大師，特別是我們寧瑪派噶陀傳承的持有者，前世曾是噶陀法教修行的成就者，莫札法王於淨觀、禪定以及清淨的夢境當中，都顯示心道法師前一世是噶陀修行的成就者，因此有必要做正式的認證。」

寧瑪巴噶陀派的錫欽毘盧仁波切與心道法師結緣甚深，自1997年到2005年期間，前後持續共達7年，毘盧仁波切為心道法師傳授寧瑪派「龍欽寧體」以及噶陀派不共傳承「龍薩金剛藏」完整法教，此外並完整傳授的至高伏藏法集《大寶伏藏》灌頂。

此次陞座法會不僅是見證心道法師累世殊勝的傳承，更奠定靈鷲山三乘合一的聖山基業，至此總本山全體僧伽每日均共修噶陀龍薩寧波傳承護法，每月初十、二十五共修蓮師薈供、空行薈供，另於財寶宮殿每月四大菩薩的共修、每年新春有財神法會，讓傳承四眾都可以在此精進。

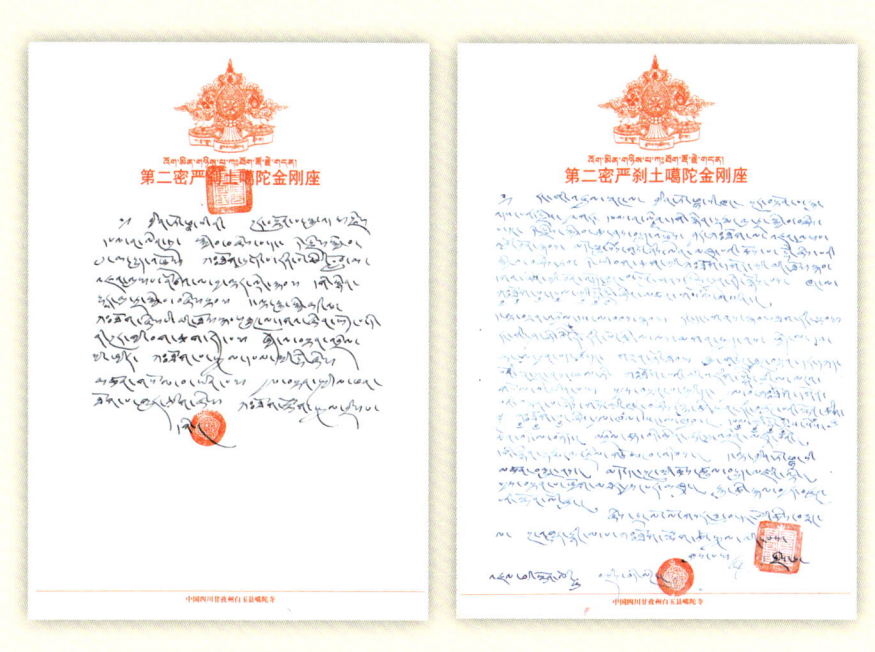

第六世莫札法王親筆手書授予心道法師的「轉世認證書」及「轉世傳承緣起文」。

---

1. 1995年竹巴噶舉派第十二世嘉旺竹巴法王應邀至靈鷲山造訪，陪同竹巴法王前來的貴賓中有他的父親寧瑪巴噶陀派的錫欽毘盧仁波切，自此彼此結下深厚法緣。
2. 莫札法王為當今藏傳佛教寧瑪派最高領袖，是第二金剛座噶陀寺的五大黃金法臺之一，被視為金剛手菩薩化身，至今為第六世轉世（莫札法王為噶陀寺中有十三莫系傳承。）
2. 毘盧仁波切被被尊為毘盧遮那佛的化身，是蓮華生大士親傳弟子毘盧遮那大譯師第卅六世轉世，他是莫札法王親弟。

圖解財寶宮殿

❶ 藏傳佛教圖飾
❷ 觀音曼達拉
❸ 財寶天王佛龕
❹ 財寶天王
❺ 五姓財神祈願缸
❻ 財寶宮殿

寂境

天花板

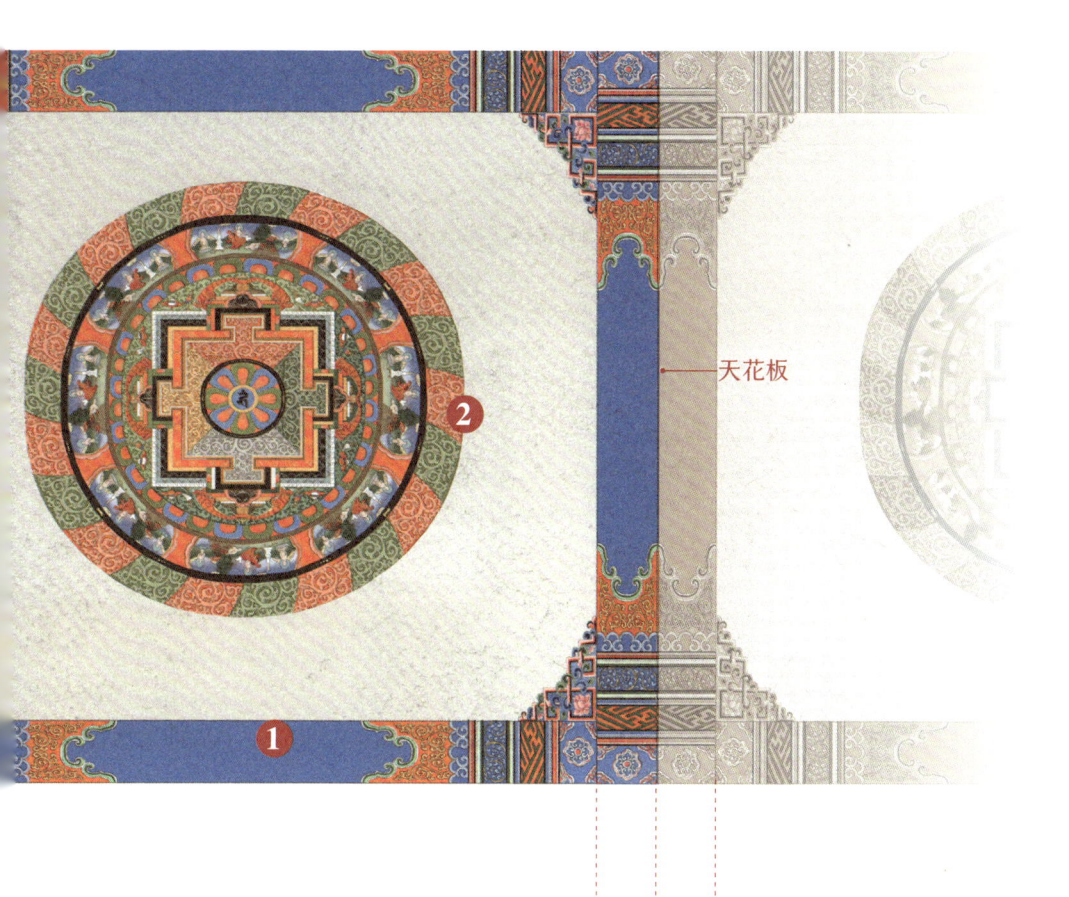

靈鷲山行旅圖鑑

149

華藏海

華藏海是智慧的世界、一個無障礙空間,在這裡的眾生彼此互相成就功德,是以智慧成就世界和平的國度。——心道法師

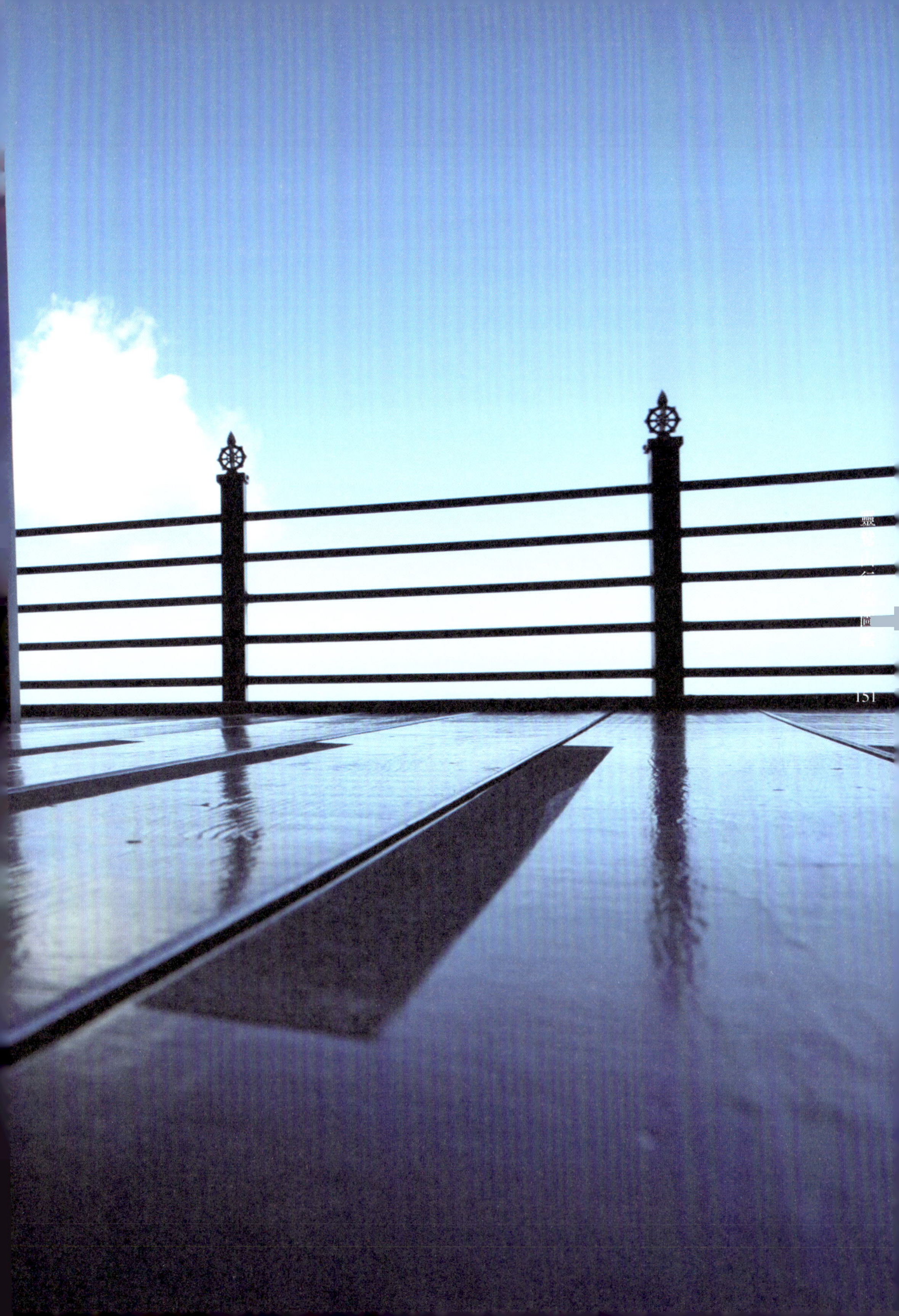

入蓮華藏世界海的聖殿

華藏海，2003年完成，2015年修繕後成為總本山的禪堂、大講堂，也是宗風殿堂，除了每日僧眾早晚禪坐、每周僧眾封山精進上課日、每半月誦戒布薩、每年固定有春安居七七禪關、秋禪十，其他時間一年四季都有長短不一的關期進行。

一樓圓通寶殿，是總本山禪堂；東單側殿為金圓滿佛殿，是祈福庇佑的聖殿；西單旁廳有五觀堂、大寮；二樓兩單分別為男女居士禪榻；三樓則是弘揚四期教育的大講堂，也是戒壇，並有舉辦節慶等功能。

❶ 沉香枯幹
❷ 鐵膽石
❸ 毘盧觀音
❹ 聽蛋說話
❺ 上師法座
❻ 香板

以「華藏莊嚴世界海」為緣起

心道法師命名「華藏海」，緣自《大方廣佛華嚴經》〈華藏世界品〉取「華藏莊嚴世界海」。《華嚴經》云：「入蓮華藏世界海」，「毘盧遮那佛」是報身佛，是蓮華藏世界的教主，所謂報身佛即是智慧身、光明身，也是無礙身。

心道法師期許：「這裡是悲心周遍、緣起成佛的地方，每一個角落都可以啟發菩提心，是緣起世界和平的聖山。」華藏海禪堂終年恆常舉辦禪修。禪修可以淨化身心，令國土安寧、百姓安樂，心道法師以觀音菩薩耳根圓通法門結合呼吸法的「平安禪法——四步驟」作宗門修持。法師說：「心和平，世界就和平」。靈鷲山推廣普及校園的「一分禪」讓學子可簡易練心沉澱；還有行者居家的「九分禪」一天三次，日用修持。

禪堂八大金剛——枯木與石頭

禪堂內的毘盧觀音聖像左右兩側立了四根枯幹，穿廊立有四顆石頭。一日，弟子請問心道法師為什麼放置這四座枯木？

心道法師說：「寂靜！枯木就是沒有什麼希望，內心也要沒有什麼希望，這樣心才會寂靜。心枯，人才能活。」

心道法師又說：「《金剛經》有八大金剛。我們這個禪堂，四顆石頭加四根木頭，就是八大金剛，它們等於是護法。」

弟子問：「石頭和木頭……就是如如不動的意思嗎？」

心道法師：「石頭就是安定，木頭叫做枯寂！」

以時輪金剛作結界

華藏海依傍山勢,面向一望無際的海天,與自然景觀融為一體,建築規劃期間,心道法師遵照上師毘盧仁波切的諄諄指示:「以時輪金剛咒結界。」於是在外牆、屋頂以銅雕時輪金剛「咒牌」排列鑲嵌,並於全山各個風水要穴均安奉石刻時輪金剛「咒碑」,共一百零八座作為結界之界碑,由毘盧仁波切主持修法。

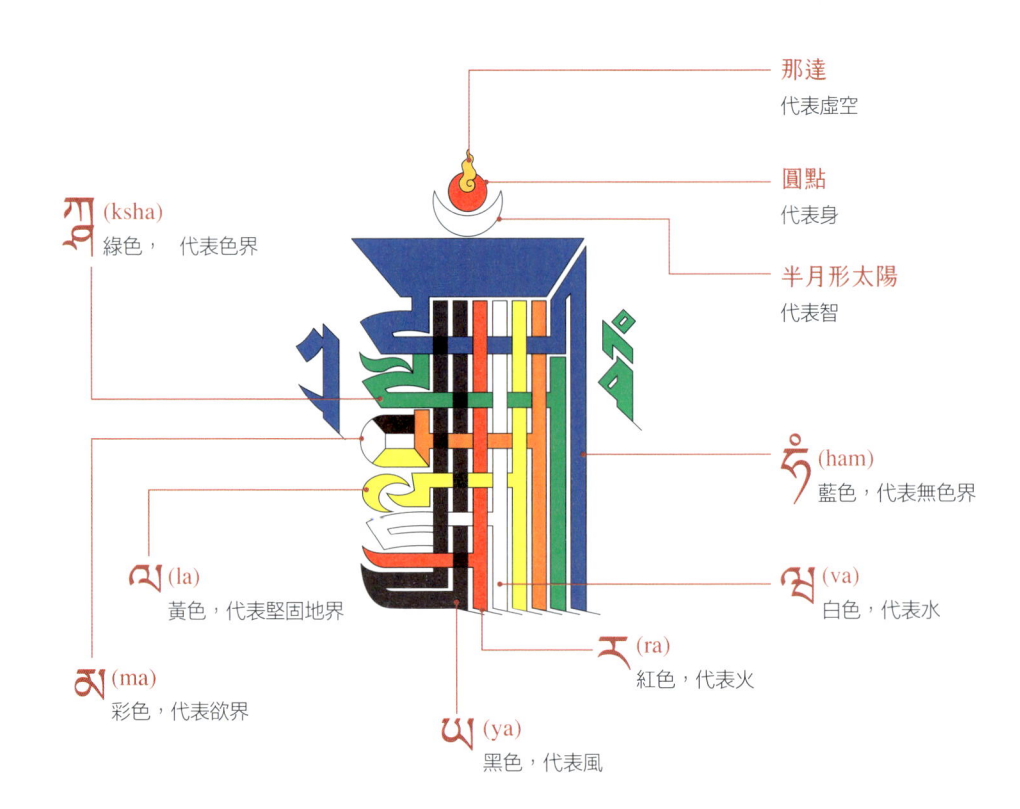

那達
代表虛空

圓點
代表身

半月形太陽
代表智

(ksha)
綠色,代表色界

(ham)
藍色,代表無色界

(va)
白色,代表水

(la)
黃色,代表堅固地界

(ra)
紅色,代表火

(ma)
彩色,代表欲界

(ya)
黑色,代表風

時輪金剛咒

時輪金剛修法源於傳說的祕境香巴拉,是釋迦牟尼佛成道後所親傳。依據《吉祥時輪本續》包含在三個時輪金剛(或稱時間之輪)之中:「外時輪」即器世間,包括一切天體及其運行規律。「內時輪」是人的身體,包含內脈息運行規律。「別時輪」是時輪金剛的灌頂、教示及成果,有別於前兩種時輪。

時輪金剛修法認為:一切眾生都輪回在過去、現在、未來「三時」的「迷界」之中, 所以用時輪表示有情眾生在「三時」受無明之苦。為擺脫無明苦惱,透過上師灌頂,修練「時輪金剛」,弟子以觀修成熟自相續,將「外時輪」的世間宇宙視為補特伽羅的心靈元素,即「內時輪」的反映,由「別時輪」加以淨治,達到本初佛境界,證得俱生智慧空性。

時輪金剛咒輪由七個梵文字母,加上日、月、那達,共十個符號所組成,稱為據《吉祥時輪心髓十相自在的意義──寶燈論釋》上說,「十相自在心咒 ཨོཾ་ཨཿ་ཧཱུྃ་ཧོ་ཧཾ་ཀྵ་མ་ལ་ཝ་ར་ཡ་ཧཱུྃ་ཕཊ྄་」又稱「時輪金剛咒」,分為身、智、空、風、火、水、地、器、情、天界十個部分,分別代表:壽命自在、心自在、願自在、資具自在、業自在、受生自在、解自在、神力自在、法自在、智自在。

本咒輪是蓮花生大師集三界器世間的精華於一體的象徵,可令十種方位與年、月、日、時等時辰所組合的時空宇宙世界一切器世間自在;令具信者免除刀兵、疾疫、飢餓及水、火、風等災難;處所得吉祥圓滿、眷屬和睦、身心安康、去處通達、所求如願。

善信可將十相自在咒,放在塔門、房門、牆壁等處,具吉祥增上的效果;也可隨身當護身符。

臨濟無門關，圓通寶殿入口

依山而建前庭望洋的「圓通寶殿」入口曲折，看不出有正規的堂宇門面，頗有臨濟「無門關」的宗風。訪客從客堂旁邊側廊，由階梯往下，走半環型石階，到十字路口廣場，此處大樹為蔭，隱約看到「圓通寶殿」匾額，進入側殿「金圓滿佛側殿」後，穿過側殿，經過廊道，廊道壁掛有「臨濟法脈傳承圖」，才見禪堂東單入口。若由西單運輸車道終點入，經玄關入殿，則須穿過五觀堂，進入禪堂西單入口。這也是「華藏海」主通道。

圓通寶殿——毘廬觀音締結兩岸緣

「華藏海」一樓為圓通寶殿，供奉毘廬觀音。這尊毘廬觀音緣起是普陀山普濟寺毘廬觀音等身複製尊，經過約五年，在兩岸多方努力下，採「生漆脫胎」古法製作，心道法師考慮山裡氣候濕度，委請雕塑家楊柏林外加銅塑金身及背光，總高4.3公尺。2015年初，得以塑造完工，以普陀山道慈老和尚留下「圓通寶殿」墨寶賀贈。

為了安奉毘廬觀音，2016年水陸四眾發起「百萬心經奉觀音」，手抄心經裝臟於觀音像及大悲牆中。2017年，百萬大悲咒閉關圓滿後，5月，舉行圓通寶殿的開光揭榜儀式。

華藏海圓通寶殿整體以鏽蝕風化的生鐵作內牆及佛龕，空間顯得古樸肅靜。佛龕上，供奉著貼金銅身的毘廬觀音，還有四根巨大的沉香枯幹。前殿、後殿中間有穿廊天窗，引天光入內，穿廊布設鵝卵石臺，石臺立有四顆如人型大小的崑崙石，整體簡潔，沉斂富禪機。

兩岸毘廬觀音

「毘廬觀音」是普陀山主寺普濟寺的主尊，是一級國寶、舉世獨一的殊勝聖尊。佛經中，觀音菩薩過去早已成佛，稱正法明如來，因慈悲大願慈航倒駕、以千百億化身菩薩救度眾生，毘廬遮那佛代表法界本初佛，觀音造像以毘廬遮那佛的身姿示現，亦即是觀音菩薩以清淨法身本初佛示現，光明遍照十方把界，慈悲護佑一切時間和空間的眾生。

2011年5月，由浙江普陀山方丈道慈大和尚相贈一尊約1公尺高的「毘廬觀音」複製尊，來山安奉華藏海，締結二岸觀音緣。2013年，靈鷲山複製一尊高約1公尺左右的多羅觀音回贈安奉到普陀山的梵音洞，紀念「普陀連靈鷲，觀音繫兩岸」。

而後兩岸四眾弟子多方努力，由道慈老和尚發起複製毘廬觀音等身尊，高約4.3公尺，由古法造像藝術，歷經數年，直到2016年運抵臺灣，安座靈鷲山「華藏海」，此殿為心道法師命名，並由道慈老和尚親賜墨寶「圓通寶殿」，刻匾紀念。

道慈老和尚說「普陀山與靈鷲山同屬禪宗法脈，同奉觀音信仰」不僅兩處地理相連，法脈也同宗觀音傳承。」

毘廬觀音複製尊

禪堂宗風──臨濟宗傳承法脈

圓通寶殿東單入口長廊的牆上，掛有禪宗傳承圖，壁上有兩幅長軸，為心道法師的臨濟宗傳承法脈。心道法師雖身俱三乘傳承，主要體證下手處在禪，傳承法脈為臨濟宗傳承，亦有二系：一脈受法自本煥長老，一脈受法自星雲大師。

2007年10月23日，心道法師率徒眾親赴深圳弘法寺為本煥長老[1]壽誕祝壽之行，得納受為親傳法子，為臨濟宗第四十五世，別傳堂上第

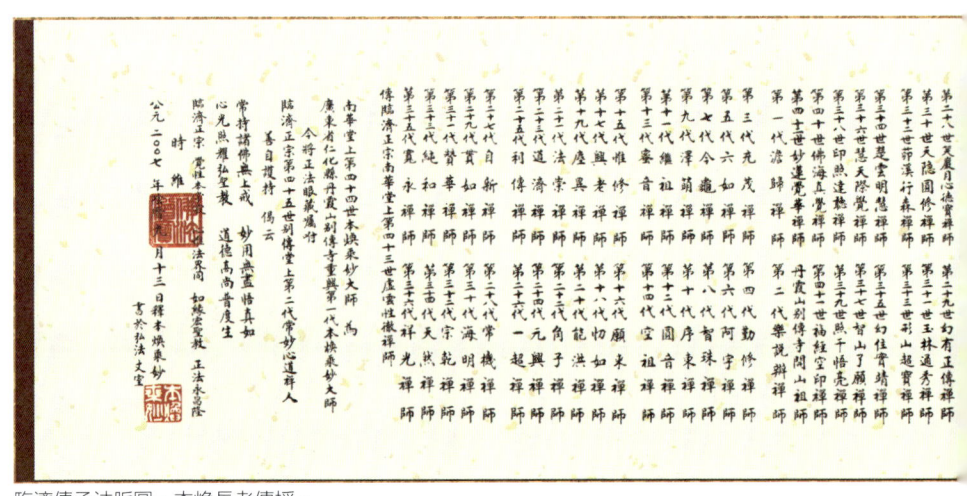

臨濟傳承法脈圖，本煥長老傳授。

臨濟傳承法脈圖，星雲大師傳授。

二代傳人，授號常妙心道禪人。2013年8月28日，心道法師從剃度恩師佛光山開山宗長星雲大師手中受法[2]，正式成為臨濟宗第四十九代、佛光山第二代法子，法名心道智達。

---

1. 本煥長老於1948年11月接法於虛雲宗下，成為臨濟宗第四十四代傳人，時年已110歲高齡的虛雲禪師將長老法號由本「幻」改為本「煥」，意在令其將佛法發揚光大。
2. 佛光山為心道法師剃度常住。心道法師於1973年農曆9月9日觀音菩薩出家日，依止佛光山星雲大師座下剃度，並就讀叢林大學。

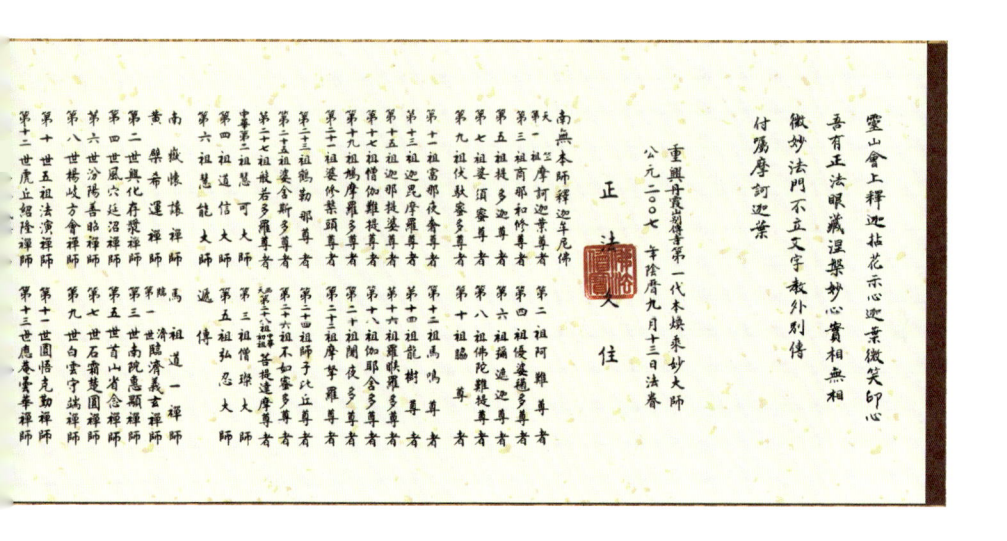

從四季精進到春安居禪關

心道法師說靈鷲山日常生活有「四不變、一平臺」,「四不變」指的是總本山固定的四季修法:春安居、夏大悲、秋水陸、冬華嚴;「一平臺」則是以靈性生態為核心價值,籌建一所「愛地球、愛和平」的生命和平大學。

心道法師上承臨濟、曹洞宗風法脈,弘揚「觀音菩薩耳根圓通法門」,將「呼吸法」與「寂靜修」融會貫通為「平安禪」四步驟,作為靈鷲山傳承教化的宗門,並且總本山於春季,固定舉行春安居七七閉關。

心道法師早期規定僧眾四季禪關,此傳統延續到2006年後,晉階為一年春秋二次三七禪關。2015年僧眾關期為「春安居七七禪關」、「秋禪禪十」,其餘時間則不定期舉辦居士禪關,關期不等。

「僧伽安居」的傳統,起源於印度佛陀時代。佛陀在世時,每年為僧團結夏安居,由於印度雨季不利於行,從四月十五到七月十五這三個月雨季,僧伽會舉行夏安居,不外出行、不托缽,在叢林寺院精進修行;解夏時,通常會作齋僧供僧活動,稱為「僧自恣日」或「佛歡喜日」,這個安居制度,亦稱「坐臘」。佛教北傳後,為適應全球各地氣候,因地制宜,就演變成各種修行閉關。

金圓滿發財佛殿

　　華藏海一樓入口側殿，供奉主尊緬甸玉佛，2016年重新貼金，心道法師為之命名「金圓滿發財佛」，佛的右脇供奉「延壽菩薩」，左脇是「千手千眼觀世音菩薩」，佛前有來自泰國的「星期佛」。

　　迎請自泰國的「星期佛」是祈福守護佛。在南傳佛教的傳統，認為一周七天可向不同的星期佛祈福。星期佛又稱七日佛，共有八尊，誓願守護庇佑當日誕生者，為釋迦牟尼佛的不同身印、手印之示現，含義不同，每個人依據其生日禮敬相應的星期守護佛。參禮者可依自身出生日，推算星期守護佛，各自點燈祈求相應的星期佛，依照儀軌，隨喜修行。

❶ 延壽菩薩
❷ 金圓滿發財佛
❸ 千手千眼觀世音菩薩
❹ 星期佛
❺ 智慧籤

地球平安──百萬大悲咒閉關緣起

百萬大悲咒閉關,是靈鷲山夏季的大共修。緣起於2012年,當年普遍流傳馬雅曆法末日預言,社會隱隱然人心不安,心道法師說:「地球災劫是人類的共業,與其擔憂,不如大家一起共修〈大悲咒〉百萬遍,來回遮災劫,心平安,地球就平安。」「地球健康唯一的方法就是善業,我們的心轉,地球共業就會轉換。」

於是在當年4月22日世界地球日前,靈鷲山發起21天內誦持超過100萬遍大悲咒。自此年年舉辦,回向世界和平。

「當善心生起時,也就是這個世界能夠改變的時候」,心道法師開示:「持誦〈大悲咒〉,讓起心動念都吉祥,脫離痛苦厄業的因果環扣,縱有災難來到,一心專精祈禱,無形的念力往往會回遮掉無常的傷害。」

四期教育的「大講堂」

華藏海三樓是大講堂,這裡是僧眾固定半月布薩戒壇、禪關時的五觀堂、節慶集會的大會場,也是僧信四期教育的搖籃。

大講堂中央壇城,安奉一尊釋迦古銅佛,佛龕二側面延展的鑄鐵牆面上,則有引人注目的琉璃燈牆,這個琉璃牆面取名為「渡」。

佛龕兩側,東西牆四面,以「渡」為寓意的琉璃牆,牆面鑲嵌以「觀音六字大明咒」的琉璃磚,其間分佈49排琉璃燈座,每排7個,東西牆面共有686座燈臺;另有六大「琉璃曼陀羅」圖騰,分別為紅、綠、藍、黃、透明五個顏色,代表五方佛的法洲,也代表地、水、火、風、空。

大講堂是僧伽最常集會的空間。心道法師認為佛陀的法教是全面的,三藏十二部都是佛陀珍貴無上的智慧遺產,我們應該繼承而不偏廢,所以心道法師1998年依據佛陀的教法提出全方位的「四期教育」作為總本山的教育綱領,也是大乘菩薩道行者的修學次第。

圖解華藏海

五觀堂

圓通寶殿

寂境

164

魚梆

掛於大寮或齋堂門口，呈長魚形狀，為集眾時擊打的法器。寓意：魚晝夜六時當中都不闔眼，象徵修行者精進不懈的勉勵。

雲板

具報時和召集的作用，可用於早課前召集，更多用於午膳前召集，通常和魚梆一起懸掛在佛寺的「五觀堂」（即齋堂）外。

獨參室

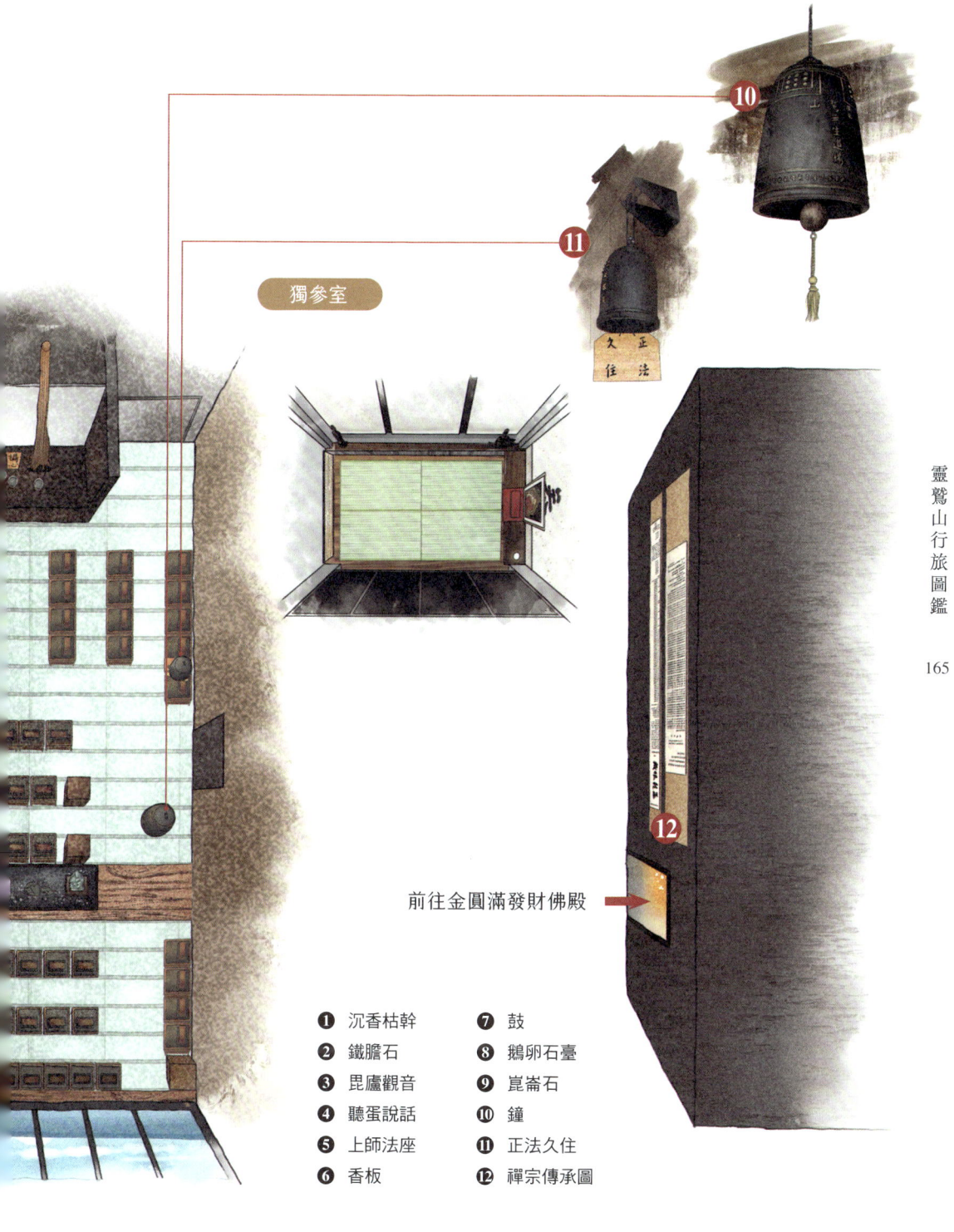

前往金圓滿發財佛殿

靈鷲山行旅圖鑑

165

❶ 沉香枯幹
❷ 鐵膽石
❸ 毘廬觀音
❹ 聽蛋說話
❺ 上師法座
❻ 香板
❼ 鼓
❽ 鵝卵石臺
❾ 崑崙石
❿ 鐘
⓫ 正法久住
⓬ 禪宗傳承圖

圖解華藏海

金圓滿發財佛殿

① ② ③
④ ⑤
⑥

← 前往圓通寶殿

寂　境

166

「圓通寶殿」匾額

匾額為道慈老和尚墨寶。

2015年，普陀山大方丈道慈老和尚專程來訪，與心道法師一起會勘華藏海現場，決定將毘盧觀音安座於此，定名「圓通寶殿」，道慈老和尚並留下墨寶賀贈。

心經牆

藝術家李蕭錕作品。

❶ 延壽菩薩
❷ 金圓滿發財佛
❸ 千手千眼觀世音菩薩
❹ 星期佛
❺ 智慧籤
❻ 心經牆
❼ 「圓通寶殿」匾額

聖摩訶菩提樹

寂境

168

靈鷲山行旅圖鑑

靈鷲山上有一棵身世神聖的「摩訶菩提樹」，植株在上院觀音殿旁。這是被斯里蘭卡正式受贈來臺的殊勝國禮。斯里蘭卡「摩訶菩提樹」是西元前三世紀佛陀證悟的金剛座的菩提樹分枝第三代。

聖摩訶菩提樹與宗博因緣

2004年11月，斯里蘭卡國會議員索比塔長老應邀來臺參加世界宗教博物館舉辦的「夥伴城市國際會議」主題為「靈性與生態永續——水：我們共同的根源」論壇，共有22個國家代表與會。一個月後，南亞發生超級地震引發50公尺海嘯，重創斯里蘭卡等14個國家。災後，索比塔發訊心道法師求助並隨即來臺召開記者會，由宗博邀約九大宗教團體共同組織人道援助。斯國為感謝這次救援行動，2005年8月由「摩訶菩提寺」代表政府致贈「聖摩訶菩提樹」與靈鷲山，由索比塔親自護送來臺，並於靈鷲山舉行聖植大典；同年，心道法師到斯里蘭卡首都可倫坡附近的安比利提亞（Embilipitiya），在總理摩新達（Mahinda）等眾多貴賓觀禮下，接受國家最高佛教榮譽「弘揚佛法貢獻卓越獎」授勳。

2005年8月21日，聖植大典。

佛成道處菩提樹（The Bodhi Tree）

公元前五世紀佛陀在菩提樹下成道，位於今日印度的菩提伽耶，距印度東路比哈爾邦（Bihar state）首府巴特那（Patna）以南100公里。佛陀於菩提樹下攝心端坐，勇猛精進，終於在第四十九日後悟到四諦之理、十二因緣之理，目睹天上明星，大徹大悟，證得無上正等正覺。菩提樹也因此成為佛教的聖樹，象徵著智慧、覺悟、超越，這棵樹位於今印度菩提伽耶的摩訶菩提寺。

佛陀成道的菩提樹歷經無常，在十二世紀伊斯蘭教徒入侵印度時，隨著摩訶菩提寺一同遭破壞。現今摩訶菩提寺的「聖菩提樹」是西元1870年由後人從斯里蘭卡採取枝條，插枝於原處重生。

斯里蘭卡摩訶菩提樹（Sri Maha Bodhi）

公元前三世紀阿育王在位時期，王女僧伽密多從菩提伽耶的佛成道處菩提樹取得一截樹枝，送到師子洲（斯里蘭卡），非常慎重的移植到阿努拉哈普拉城（Anuradhapura）的彌伽園。此菩提樹已成為當今世上現存紀錄中最古老樹木，至今仍然綠意盎然。

斯里蘭卡摩訶菩提樹的所在地，在古都阿努拉哈普拉的正南方。樹身種在一個高臺上，臺前掛滿了五色繽紛的小布旗。

聖菩提樹的分身

斯里蘭卡摩訶菩提樹與佛陀成道處的聖菩提具有相同的DNA，在佛陀成道處的菩提樹被毀壞之後，近代世界各國聖菩提樹的分身，皆由此樹插枝而繁殖。

金佛殿

寂境

聖山初具

山上很多佛菩薩造像，都來歷不凡，多半是宗教交流帶來的禮物。比如開山聖殿、華藏海的玉佛來自緬甸，金佛則來自泰國。

聖山寺金佛殿裡供奉有三尊14世紀的泰國國寶佛等身複製，地宮裡有一座般若浮屠，裝藏有鈦金屬板的佛陀聖典，我也把山上修行教育的理想表達進去，封藏起來。

雖然，當年開山沒有預想什麼，可是一路走來，佛舍利、聖菩提樹、古佛再造藝術等，還有三乘法脈⋯⋯可說已經善妙具足，讓人由衷感恩。[1]

――心道法師

---

1. 節錄自《願力的財富》。

福隆靈鷲山總本山的幅員從「聖山寺」開始，聖山寺從福城進入，主殿金佛殿，這裡是下院。

　　心道法師期許總本山就像一個「靈性生態教育園區」。進福城有「四期教育」作接引，四季有共修，讓每個人能在這裡沉澱自己，跟自然對話，作生命大學習。所以：「華嚴聖山的起始『聖山寺計畫』，目的只有一個：造福──造福地方、造福臺灣、造福人間、造福世界，造就一個佛教修行的國家公園。」

「聖山寺」古剎重興

　　「聖山寺」是古廟重興。現在金佛殿所在位置，原本是地方小佛寺「聖山寺」，由吳春泉居士的母親於1913年發心建造，從原本8坪的佛堂開始，再經過吳老居士逐年增建為147坪，心道法師接手後，經過三十幾年陸續購地，規劃重興，至今寺院佔地1.81公頃，包括後山林區，總和為4.25公頃。

1990年8月5日，聖山寺晉山陞座交接儀式。

1990年7月15日至7月28日，第一屆七龍珠兒童夏令營。

1990年8月5日，聖山寺晉山陞座大典會後大合照。

當年吳春泉老居士依循佛寺正統管理，敦聘德高望重的老法師住持，因此聖山寺在地香火鼎盛，只是吳老居士常常感嘆歷任住持老和尚凋零，後繼無人。1983年前後，心道法師來到福隆荖蘭山上山洞苦行，吳老居士得知後常常上山探望，心中感佩。

1989年，吳春泉老居士決定將聖山寺捐贈託付給心道法師。1990年7月15日至7月28日聖山寺正式對外舉辦了第一屆七龍珠兒童夏令營，1990年8月5日正式舉辦晉山陞座大典，心道法師自吳老居士手中接下印鑑，由貢寮鄉長吳清同以及鄉民代表主席吳憲良監交。陞座大典時，心道法師致詞：「衷心希望藉由這個聖山寺的開始，來造就智慧的法緣，而在福隆建立起臺灣第一個佛教文化的淨土。」

「聖山」之名

吳春泉老居士將聖山寺託付心道法師時有三個心願：一是希望未來不管如何增建、改建，寺名不要更改，他說這裡本來就是聖山的地理；其二，原寺中供奉的聖像要繼續供奉；三則寺內安奉的歷任住持先祖蓮位要承繼祭拜。

心道法師謹守信諾，歷年來分期開發，陸續將「聖山寺」規劃作為「文化教育園區」的功能：第一期完成金佛殿、見性樓；第二期善法大樓、檀信樓；第三期普行樓；第四期「福城」，預計2025年正式啟用，另外為了紀念這個善緣，總本山以「聖山」名之。心道法師念茲在茲、知恩報恩，並期許福隆成為「華嚴聖山淨土」，就像古印度靈鷲山一樣「此地古稱佛國，滿街都是聖人」。

金佛殿——華嚴聖殿

　　改建後的「金佛殿」為一圓形聖殿，融合了三乘傳承的藝術特色。心道法師說：「圓形代表融合，靈鷲山就是在做融合的工作。」金佛殿為鎮山主殿，壇城分前堂、後堂。前堂有泰國800年開國古佛再造，後堂則是來自千年傳承的觀音壇城，殿內環列華嚴經柱，地宮裝臟佛陀的法寶聖典。金佛聖殿是以蓮華為穹頂主題呈現《華嚴經》的「蓮華藏莊嚴世界海」。參訪至此，可停駐禮佛、繞塔、禪坐、經行，皆是萌發菩提種子的殊勝緣起。

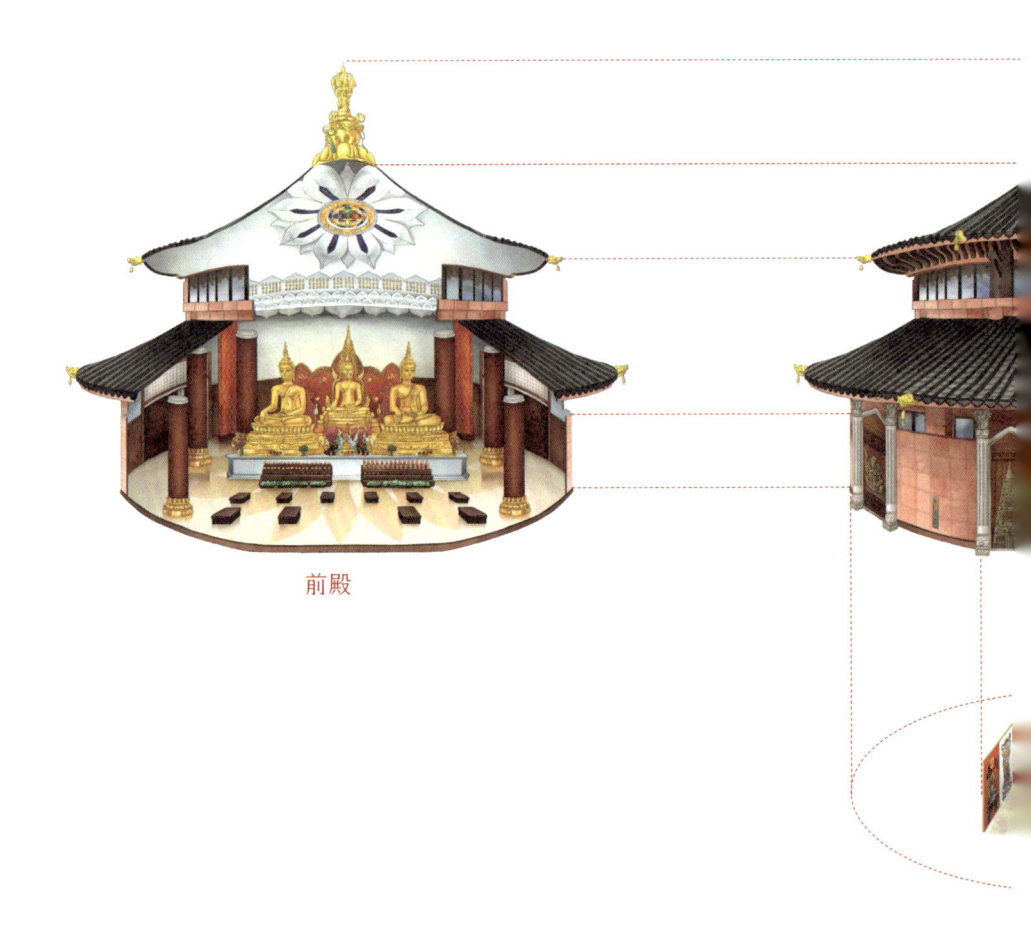

前殿

《華嚴經》說蓮華藏世界於風輪之上的香水海中，有大蓮華，此蓮華中含藏著微塵數的世界，所以叫做「蓮華藏世界」。此世界上下總共有二十層，周圍有十一周世界圍繞，每一周復有十世界，共一百一十世界圍繞而成，其中心為毘盧遮那佛所居，而我們所居的娑婆世界，就在華藏世界的第十三層之中間。廣而言之，蓮華藏世界為諸佛「報土」之通名。華藏世界海中，每一個世界都是佛往昔發願修集種種清淨功德，所呈現的莊嚴淨土。

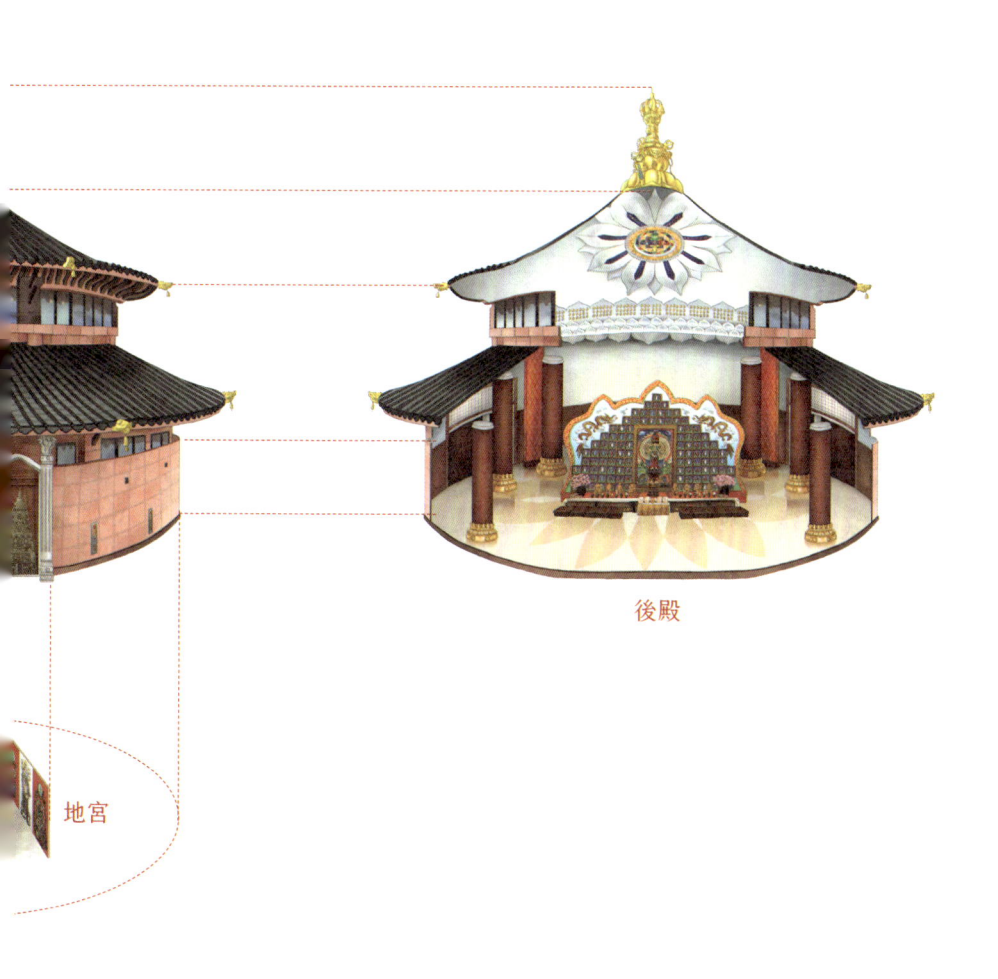

後殿

地宮

靈鷲山行旅圖鑑

華嚴經經柱

　　金佛殿內以八大經柱環狀拱列，柱身以鈦金屬經版包覆，乃一部「八十華嚴」，鈦金屬經版經文字體以「浮雕」呈現，總共四萬五千偈頌，共69萬1千餘字。靈鷲山從2006年開始，每年全山僧伽要閉關二七日，共修八十華嚴一部作感恩回向，這是聖山寺冬季必修課，也是心道法師念茲在茲囑咐全山僧伽要將修行功德回向十方善信的年終「感恩節」。

　　「華嚴經柱列」每根柱身設計留有一個「裝臟孔」，每年年終跨年時舉行一次裝臟儀式，讓涓滴發心建設聖山的善信，都有機會參與共修，種下菩提種子，莊嚴福慧心田。

八十華嚴
69萬1千餘字。依序由正門口第一根華嚴經柱，循順時針方向，至第八根經柱，圓滿一部《華嚴經》。

蓮花造型

四聖獸

聖山寺建設記事簿

2006年12月2日	聖山寺舊殿拆除
2007年12月6日	金佛殿修建動土典禮
2011年5月18日	金佛殿竣工
2008年11月28日	金佛殿上樑典禮
2009年8月31日	金佛殿頂裝臟
2011年11月11日	九品蓮花金鋼鈴安座、寶瓶裝臟
2009年10月25日	華嚴地宮構造裝臟儀式
2010年1月3日	華嚴地宮聖典裝臟
2010年1月28日	華嚴地宮封宮
2011年5月3日	三金佛入殿安座
2018年7月31日	百八觀音安裝完成
2018年9月30日	百八觀音開光灑淨
2022年6月3日至4日	福城放光佛、多寶佛安座
2022年8月10日	福城上樑儀式
2024年4月18日	福城入口立「阿育王柱」

圖解金佛殿

❶ 金剛鈴
❷ 蓮花造型琉璃燈
❸ 四大天王、十二天種子字彩晶玻璃箱燈
❹ 繡石阿育王柱
❺ 雙鹿法輪
❻ 印度菩提迦耶正覺塔，塔內刻有眾多小佛

龍頭雕飾

鈴鐸
刻有「寶篋印陀羅尼咒」及「準提咒」

法輪

八吉祥
由左至右：盤結、雙魚、寶蓋、寶瓶

紅銅瓦

東門

側門（財寶門）

財寶天王

北門

四面菩薩相

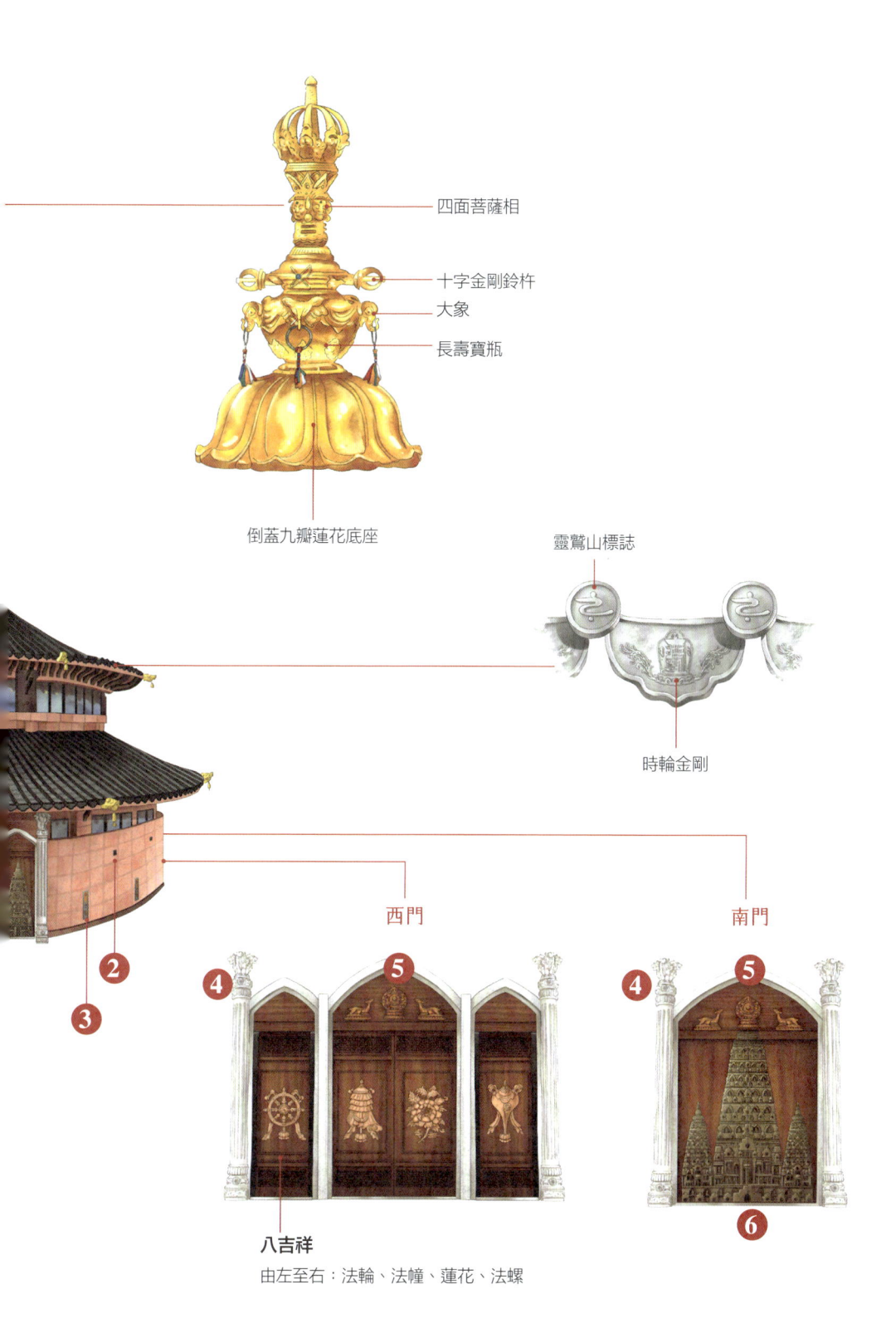

十字金剛鈴杵
大象
長壽寶瓶

倒蓋九瓣蓮花底座

靈鷲山標誌

時輪金剛

西門　　　　　　　　　南門

八吉祥
由左至右：法輪、法幢、蓮花、法螺

靈鷲山行旅圖鑑

181

金佛聖殿

泰國開國佛分身——金佛三兄弟歷史聚首

　　金佛殿前堂主尊為三尊泰國金佛。面對壇城，中尊為「成功佛」，總高6.1公尺，基座鑲有泰國僧王寺的寺徽，代表此三金佛來自僧王御批的尊貴贈禮。左尊為「平安佛」，右尊為「圓滿佛」，均高4.5公尺。三金佛身世非凡，被譽為泰國「開國佛」。

　　古佛本尊於14世紀（約1357年～）鑄造，歷史悠久，三尊皆以結跏趺坐，左手禪定印，右手觸地印，神態寂靜柔和，目前泰國三本尊分隔二地，未供奉一堂，而今非常殊勝得以安奉在臺灣福隆靈鷲山金佛殿，複製分身的勝妙因緣要感恩僧王智護尊者（H. H. Somdet PhraNyanasamvara）促成，經泰皇御批，總理同意，由國家藝術廳監造。

泰國「開國國寶佛——三金佛」的歷史

　　在泰國，無人不知「開國國寶佛」的故事。

　　「成功佛」原名「帕前亞叻」（Phra Phuttha Chinarat），「成功佛」由於背光有兩條火龍，又稱「雙龍佛」，也叫火龍佛祖，象徵成功、事業、財祿，其工藝之美，舉世公認為「世界上最美麗優雅的佛陀像」，也是泰國佛教的象徵，是金佛三兄弟中最後鑄造的，本尊安奉於泰國彭世洛，護佑黎民眾生。

「平安佛」原名「帕沙沙達」（Buddha Phata Sarsda），象徵寂靜、清淨、慈悲、快樂，宛如不動尊，被稱為人天導師。

「圓滿佛」原名「帕慶那西」（Buddha Pha Shinashi），是三兄弟中第一尊鑄造完成。「平安佛」與「圓滿佛」高度身型差不多，圖騰表徵略異，主要在於「平安佛」基座紋路簡潔；「圓滿佛」眉心有一白毫點，基座較華麗。

最後這一尊鑄造圓滿的「成功佛——帕前亞叻」，造型明顯不同於前二尊：主要在於雙龍背徽，另外座下二位天神。據佛經記載「帕前亞叻」身旁的那雙龍，本是一對十分兇猛的惡龍，經常出沒危害人間，或是興風作浪，或是噴火燒傷百姓，被佛陀以法降伏，成為護法天神。「帕前亞叻」座下有兩位天神，一位名叫「哈奴曼」，是猴神；另一位名叫「青青怛」，是守門天將，這兩位天神及雙龍都是護法善神，為令正法久住、法輪常轉，不讓妖魔鬼怪侵擾破害三寶。

素可泰王朝國王為消弭戰爭發願建寺鑄佛

「金佛三兄弟」本尊造於素可泰王朝（1238～1438），此王朝被視為泰國歷史上第一個統一王朝。

大約1357年（約佛曆1900年），當時國王為曇摩羅闍三世——柏馬哈譚馬叻沙盧泰，篤信佛法的國王警覺戰事頻仍、殺戮過重，深感罪業深重，內心感到懺悔。於是諮詢他的老師，「要如何才能懺除罪業、消弭戰爭，讓眾生能離苦得樂？」老師回答他，「除非能讓泰國成為一個佛教國家，才能夠永無戰爭。」國王繼續問：「要如何讓泰國成為一個佛教國家呢？」老師回答：「最快的方法就是建寺及造佛，讓整個泰國到處都是佛、到處都是寺廟，泰國就必然成為一個佛教國家。」於是，國王依教奉行，聽從老師的建議，發願建寺、造佛。

首先，國王決定重建最著名的、位於彭世洛邊界的楠河東岸「帕西雷達那馬哈泰」佛寺（Wat Phra Si Ratana Mahathat，古寺始於西元857年），並為佛寺重建鑄造三尊金佛，以此無上功德回向國難之亡者往生淨土、生者安居樂業。老師告訴他，要造佛就要依照古法，造

一尊千年萬年不壞的佛——以96%的紅銅與其他微量金屬（金、鋅、鉛、錫、鐵、鎳、錳、硅）的配方及比例鑄造。於是，「帕西雷達那馬哈泰」佛寺很快地被重建完成。

同時，國王恭請當時最著名的五名修行者，以及最好的繪畫師、鑄佛師，以虔誠恭敬的心鑄造者三尊佛像。鑄造過程中「帕沙沙達」（Buddha Phata Sarsda）、「帕慶那西」（Buddha Pha Shinashi）皆順利完成，惟獨「帕前亞叻」（Phra Phuttha Chinarat），因五金未能凝結而告失敗，工匠再次造佛還是失敗，「帕前亞叻」始終無法完成，眾專家百思不得其解，老師跟國王說：「造佛無法完成表示國王德業不足，國王必須去懺悔、反省。」於是，國王發願閉關兩年，每天不停地懺悔自己傷害眾生的罪過。

天神化現「白衣老人」

兩年後，國王下令再鑄造，並在一圓頂房舉行祭天儀式，祈求天神護佑，同時工匠就在一旁依樣鑄佛，當鎔鑄倒模的關鍵時刻，出現一位白衣老人在現場協助，直到開模那一刻，國王看到鑄成的完美佛像，不禁感動落淚，回頭再尋白衣老人已消失無蹤，於是眾人都傳說是因為國王懺悔有功，感得天神化身助功，於是國王在此建造一座佛寺，紀念白衣老人。

金佛鑄造完成後皆安座在彭世洛，直至曼谷王朝（1782～），因遷都曼谷，擴建皇宮，當時國王想把三尊開國佛迎請至曼谷，命人用大象移佛回宮，因此「帕慶那西」（圓滿佛）和「帕沙沙達」（平安佛）陸續順利搬移完成。

「帕慶那西」由一位僧人負責請回國王的宮殿供奉。「帕沙沙達」則先被請到距王宮不遠的寺院，直到四世國王時，登基第一件事便是將「帕沙沙達」從寺院再迎回皇宮，從此「帕慶那西」安坐於皇宮前殿，而「帕沙沙達」則安坐於後殿。

而「帕前亞叻」（成功佛）的搬運就沒有那麼順利了。據傳當時無論大象如何拖拉，怎樣都不成。於是百姓們就長跪祈求國王留下「帕前亞叻」（成功佛）庇蔭民間，國王觀諸因緣，不論鑄造時百般周折，搬運時又拖延不前，應許將「帕前亞叻」留在彭世洛民間供奉，故稱「不肯去佛」。泰國百姓都相信，在「三金佛」的加持庇護下，泰國維持近800年來國土安寧、社會祥和，直到現今。

泰僧王與靈鷲山的故事

已故泰國僧王智護尊者（H. H. Somdet PhraNyanasamvara，1913—2015）是「金佛殿」最重要的推手。話說1999年，心道法師赴泰拜會僧王，僧王當時86歲，聽聞心道法師籌建「世界宗教博物館」的理念，以及即將開館的進度後，非常讚嘆，遂於2000年初，徵得國王同意，把一尊原本要送給國王祝壽（當時72歲）的佛像，轉贈心道法師，國王也隨喜僧王之舉，再致贈一尊古佛做賀禮。

隨後，經過各方祈請，僧王又向國王繼續申請複製泰國三尊國寶金佛來臺，安奉於臺灣靈鷲山聖山寺。又經過二年努力，2003年，首先成功佛運抵臺灣，再經二年餘，2006年，平安佛、圓滿佛鑄造也來到臺灣，三金佛聚會於聖山寺；同年底，聖山寺啟動改建計畫。2011年中三金佛安奉入座金佛殿內。

1999年，心道法師率徒眾赴泰首度拜會僧王智護尊者，並向僧王介紹世界宗教博物館的理念及籌建進度。

圖解金佛聖殿

供奉來自泰國的平安佛、成功佛、圓滿佛三尊,為14世紀泰國國寶佛的複製分尊。

金佛壇城背牆為藏紅色背景,牆面有三座五輪塔造型,中間一座五輪塔內崁82尊琉璃成功佛,左右二座五輪塔分別內崁88尊琉璃平安佛、圓滿佛,共258尊琉璃佛。
五輪塔象徵五大元素——地、水、火、風、空。

蓮花瓣型龍道
龍道牆上鑲彩琉璃佛,分成三圈,上一圈是成功佛,中圈是圓滿佛,下一圈是平安佛,三圈共576尊琉璃佛。

殿內外環置四根,代表吉祥寓意的泰國皇室方形紅柱。

地板
漢白玉拼花石材

❶ 成功佛——帕前亞叻 (Phra Phuttha Chinarat)
❷ 平安佛——帕沙沙達 (Buddha Phata Sarsda)
❸ 圓滿佛——帕慶納西 (Buddha Pha Shinashi)
❹ 金佛壇城背牆
❺ 華嚴經柱
❻ 寶篋印陀羅尼塔
❼❽ 左右脅侍

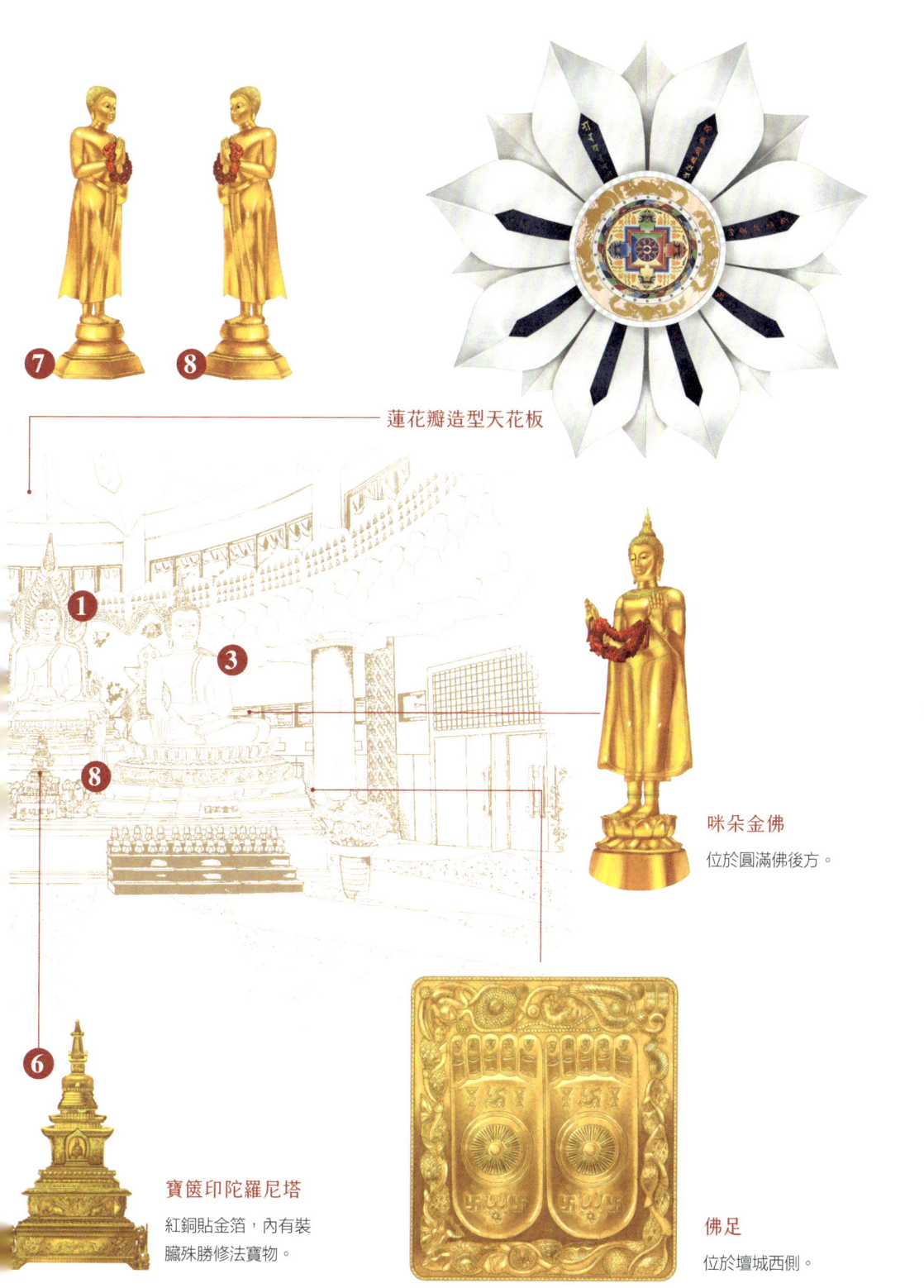

蓮花瓣造型天花板

咪朵金佛
位於圓滿佛後方。

寶篋印陀羅尼塔
紅銅貼金箔，內有裝臟殊勝修法寶物。

佛足
位於壇城西側。

靈鷲山行旅圖鑑

189

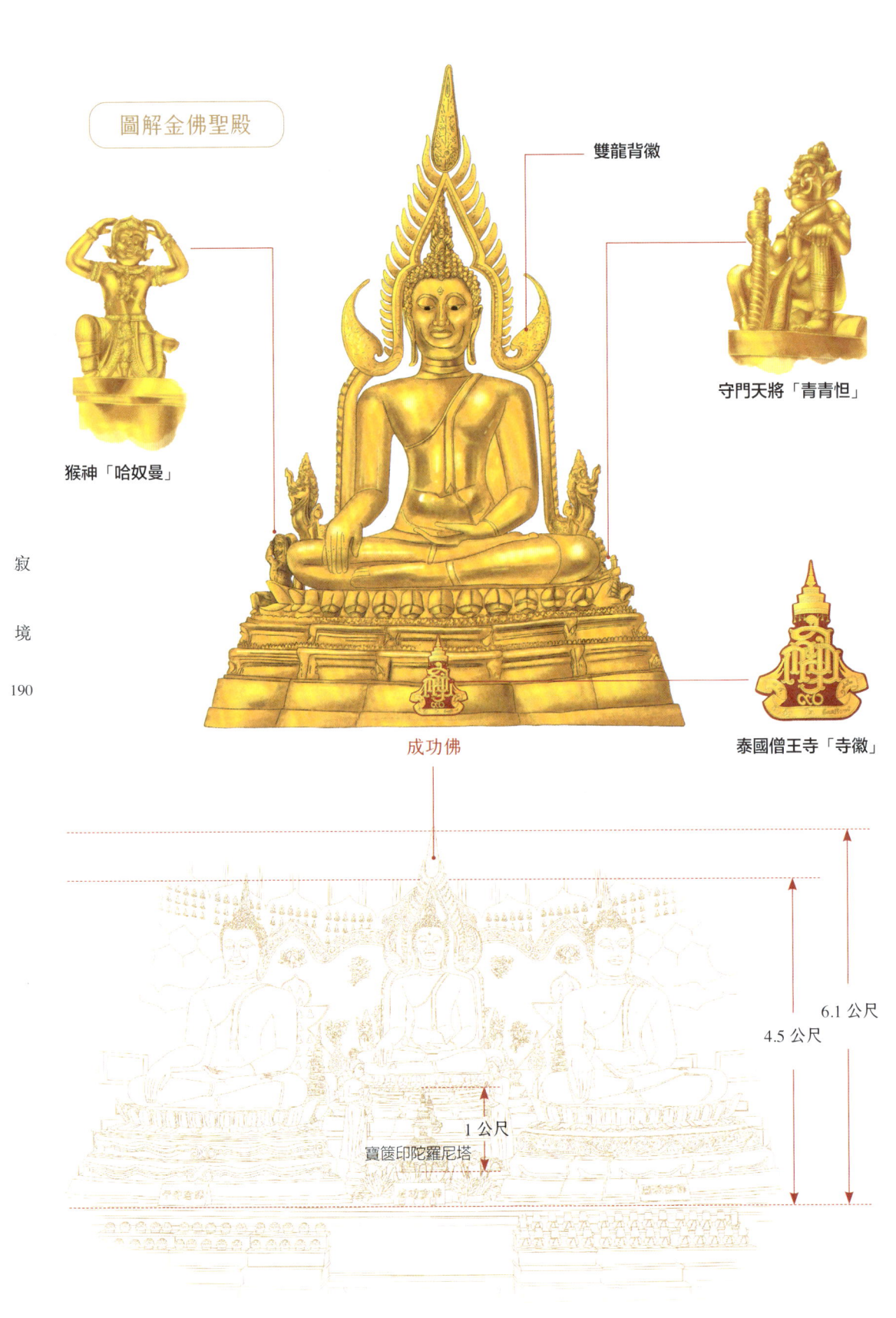

圖解金佛聖殿

猴神「哈奴曼」

雙龍背徽

守門天將「青青怛」

成功佛

泰國僧王寺「寺徽」

6.1 公尺
4.5 公尺
1 公尺
寶篋印陀羅尼塔

寂境

190

華嚴字母

八方蓮瓣刻有出自《華嚴經》〈入法界品〉四十二華嚴字母。

複瓣蓮花

曼陀羅外如盛開的蓮花。
蓮花，在佛教典故涵指自性清淨無染，如蓮花出汙泥而不染。

觀音曼陀羅

天花板為以蓮花瓣造型設計，天花板中間為「蓮花部」的「觀音曼陀羅」，手工彩繪的觀音曼陀羅，曼陀羅四方正對殿堂的四個方所。壇城的四方也就如同方向針，例如黃色就是南方，綠色就是北方，藍色就是東方，紅色就是西方，相應壇城的東、南、西、北。

五方龍王

曼陀羅外圍一圈有五條龍，代表五方龍王，即是「五方鎮殿龍王」，各守護壇城五大方所，依據《佛說灌頂經》中卷九《佛說灌頂召五方龍王攝疫毒神呪上品經》五方上首龍王分別是：東方龍王「阿修訶」；西方「樓薩叉提」；南方「那頭化提」；北方「那業提婁」；中央「闍羅波提」，合為普世耳熟能詳的鎮守五方大龍王。

靈鷲山行旅圖鑑

觀音壇城

金佛殿後堂壇城，是一座彩繪立體銅雕的「觀音壇城」，主尊是「寧瑪派噶陀傳承」的「千手千眼觀音聖像」，隨伴有「百八觀音」聖像群，是尼泊爾密教及西藏佛教的藝術造像特色。

緣起追溯自2012年，心道法師獲贈一幅不知年代的百八觀音唐卡，靈鷲山展開前後歷時5年法脈探源。最初毫無頭緒，無從下手，尤其中文資料付之闕如，後經日本、尼泊爾、臺灣各方學者專家的努力，爬梳歷史，得到已故尼泊爾釋迦教授，以英文撰寫的《百八觀音》一書，由日本高岡秀暢法師所發起繪製的百八觀音白描畫冊，也是重要線索。

2012年心道法師委由寧瑪傳承畫師昆桑喇嘛，著手重新繪製百八觀音唐卡108幅，再委請雕塑家林建成，以唐卡為藍本，塑造翻銅製作成彩繪浮雕，前後鑄造歷時6年餘，最終靈鷲山得以完成唐卡、彩繪銅雕，兩種不同形式的佛教原創藝術巨作，2018年彩繪銅雕觀音群像龕正式開光，如今供奉在金佛殿後堂。

靈鷲山行旅圖鑑

193

「百八觀音」溯源自尼泊爾佛教

「觀音菩薩耳根圓通法門」是娑婆世界利益最廣大迅速的法門,《楞嚴經》卷六:「詢我諸方便。以救諸末劫。求出世間人。成就涅槃心。觀世音為最。」至於觀音菩薩應化身數目,經典說法不一,都作約數,其中尤以「百八觀音」最為罕見。

《楞嚴經》卷六有「妙淨三十二應,入國土身,皆以三昧聞熏聞修,無作妙力,自在成就。」《法華經》〈普門品〉中有「三十三應化身」,另外「千手千眼觀世音菩薩四十手眼法門」為唐密失傳之祕,目前日本仍留存有菩薩手幟造像等。此外,中土《龍藏經》目錄收存有「聖觀自在成就法一百八」相關記載,但法本亡佚,目前流傳「百八觀音」信仰,可溯源最早的歷史古蹟,存於尼泊爾的首府加德滿都。

尼泊爾加德滿都「舊王宮廣場」(Kathmandu Durbar Square,西元3世紀),有一座「百八觀音寺」(Seto Machhendranath Temple,又稱JanBahal)。從空中俯瞰,這座寺廟就像是一座立體壇城(Mandala)。殿內有一尊白色觀自在聖像,寺廟四周外牆上環繞著以立體銅雕呈現的108尊觀音造像。而百八觀音(Machhendranath)在印度教中,也被視為是濕婆神(Siva)的降雨化身,是加德滿都谷地的守護神,同時也被視為觀自在菩薩的化身。這是目前最早的百八觀音信仰的古蹟。

這座寺廟的修建年代無從得知，只知加德滿都王宮廣場從西元3世紀開始，17世紀時人們重修這座廟，2015年尼泊爾大地震，這座獨一無二的「百八觀音寺」幸蒙龍天護佑，並無嚴重毀損。

　　尼泊爾佛教對宇宙及眾神持有著開放包容的態度，不僅虔誠信仰著佛菩薩和眾護法，同樣也崇拜印度教眾神，因此「百八觀音信仰」追溯到佛國尼泊爾信仰傳統中，可以說是「後期大乘佛教」的發展特色。

尼泊爾加德滿都舊王宮廣場的百八觀音寺，從空中俯瞰，就像是一座立體壇城，是目前最早的百八觀音信仰的古蹟。

圖解觀音壇城

壇城主尊——聖千手千眼觀音菩薩,屬寧瑪巴噶陀傳承特殊造型
壇城列尊——108尊觀音群像

❶ 108尊觀音群像
❷ 千手千眼觀音聖像
❸ 八吉祥
❹ 八供

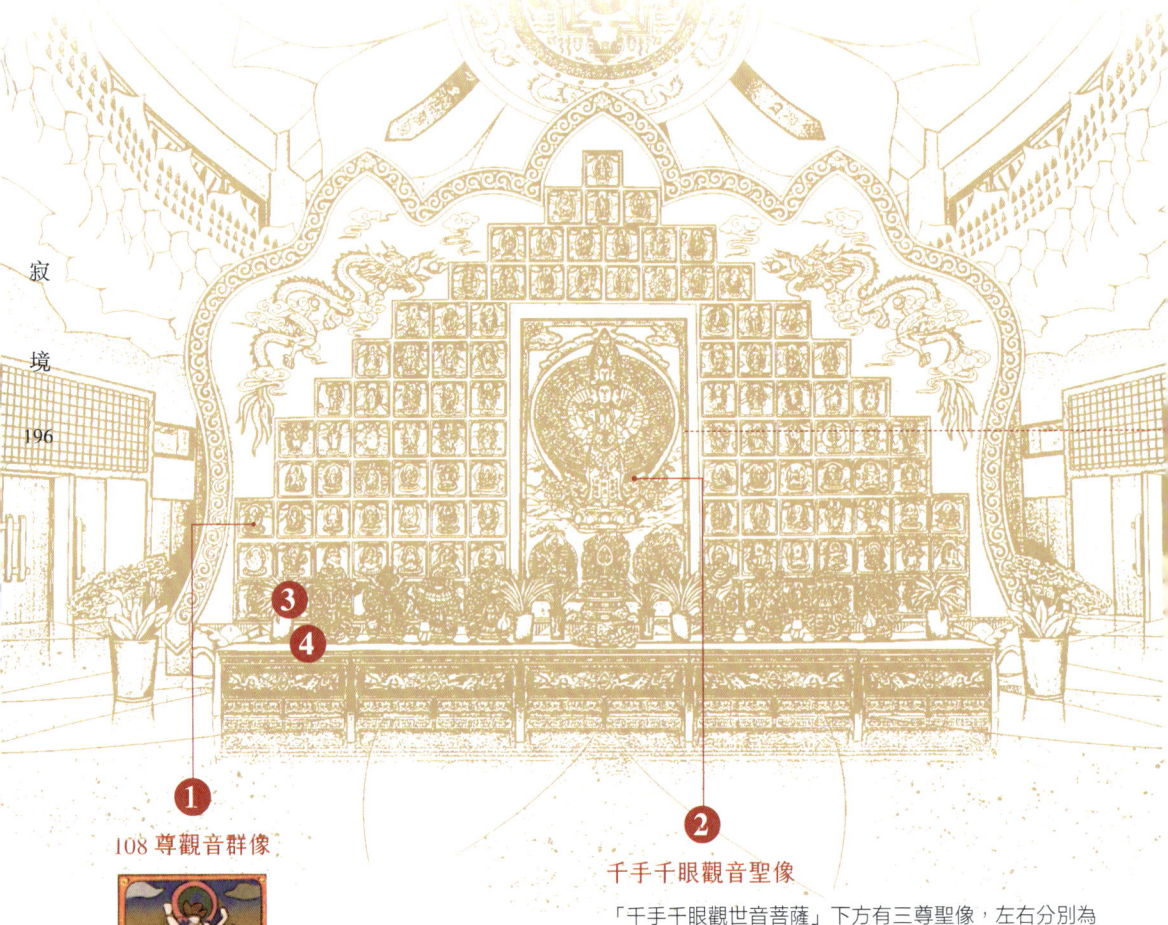

寂境

108尊觀音群像

每一件作品40x40公分。

千手千眼觀音聖像

「千手千眼觀世音菩薩」下方有三尊聖像,左右分別為「文殊菩薩」、「金剛手菩薩」(大勢至菩薩),這二尊與「觀音菩薩」合稱「三怙主」,為了深刻凸顯佛菩薩的慈悲、智慧與威神力而示現有相的三尊菩薩。正下方為「六臂瑪哈嘎拉」護法。

百八觀音巡禮

環列於主尊「聖千手千眼觀音菩薩」四周的108尊觀音彩銅雕，不僅具宗教神聖性，兼具原創藝術文化意義，歷時長達十年的工藝造像，藝術價值非凡。

百八觀音信仰文化流傳、漢傳觀音信仰文化、觀音造像藝術探討、百八觀音造型與典故，完整收列在《百八觀音》圖冊中。

❷ 千手千眼觀世音菩薩

文殊菩薩　　六臂瑪哈嘎啦　　金剛手菩薩

八供

水　水　花　香　燈　塗　果　樂

　　獻供是佛法修習的一部分，稱為佛壇七供，一般來說，佛壇上獻供以七種為一組，置於七個容器中，每一項供品皆有其特殊意義。而第八供就是修法時悅眾的法樂。這些供品不僅是儀軌的一部分，更是發願服務眾生的衍生象徵。

　　獻供是執與貪的對治方法。這些實物並非佛或成就者所需，供獻的意義，就是一個人獻出他所有的有價物品，以象徵性獻出財物，以此祈願眾生能因此而獲益，一切困乏獲得補償，圓滿布施波羅蜜。

　　面對壇城，由左到右，依序獻上──水、水、花、香、燈、塗、果、樂等八項供品。佛子晨起日行洗漱獻供，作為積聚成佛資糧的表徵。

水　供養飲水，代表解除眾生口渴，尤其是餓鬼道的眾生，可因此解除口渴之苦。供水亦使眾生廣被慈悲的終極目的。

水　供養浴水，向皈依對象獻水可以累積功德而得到自身之清淨。獻供的目的也有消除修定及了解佛法的障礙，並消除修法之干擾。

花　以獻花莊嚴成就者周圍，以此祈願令所有眾生找到高貴住所，即可具備像成就者一樣圓滿的種種相貌及特質。

香　獻香可以消除不愉快及不健康的臭味產生，所積的功德最終可實現修法深妙香氣的完成，據說圓滿修行的人都被甜蜜芬芳的香氣所包圍。

燈　以獻燈為意象，象徵消除普羅大眾心中無明翳障，得證如佛陀的智慧光明。

塗　塗香，塗抹淨身用。為了暫時淨化不良習性，如貪、瞋、癡，最終不僅是習性的淨除，連外界周圍也被清淨而圓滿。

果　以「食子」代表一切食物享用，供食品之目的為暫時消除眾生飢餓的痛苦，獻果可令眾生經驗到正覺圓滿的境界——三摩地，令眾生依靜思之自然資糧生活。

樂　音樂，指修行者共修時以法器所奏之法樂，也能悅眾，後以海螺或「丁夏」（西藏樂器名稱）代表一切悅耳美妙的樂音，祈願眾生歡喜聽聞佛法，法喜盈溢。

八供資料參考《正法眼（一）》

八吉祥（梵文astamangala）

　　八吉祥是佛教符號中最著名的一組，其傳統排列為：一、寶傘；二、一對金魚；三、寶瓶；四、妙蓮；五、右旋白螺；六、吉祥結；七、勝利幢；八、金輪。古印度國王加冕時獲贈的禮物，傳說是在釋迦牟尼得道時，由吠陀教眾神敬獻佛陀的供物。第一個是梵天神，祂獻給佛陀一尊千輻金輪，象徵請轉法輪。隨後是大天因陀羅神，祂獻贈佛陀一只巨大的白法螺，象徵宣諭佛法真諦。再來是親歷見證佛陀得道的地神母，祂獻給佛陀一只充滿長生不老甘露的金瓶。

右旋白螺（梵文dakshinavarta）右旋白螺是印度戰神的器物，宣告戰鬥的驍勇與勝利，勝利號角令敵人膽戰，是力量、權威和統治的象徵；吉祥號聲可以驅除邪惡精靈，使人避開自然災禍，並恫嚇一切有害生靈。作為佛陀教義至高無上的象徵，象徵佛陀宣講佛法真諦時的無畏精神，以及祂號召為利益眾生而精進和圓滿。

勝利幢（梵文dhvaja）勝利幢意為旗幟或軍旗，最初是印度的戰旗，是勝者或王者的具體標誌，作為佛陀戰勝四魔之勝利的象徵。

吉祥結（梵文shrivatsa）梵文是「室利鍾愛之物」的意思，「室利」指「羅乞什密女神」，是毗濕奴之妻；吉祥結裝飾在毗濕奴的胸前，表示他對妻子的忠貞。由於「羅乞什密」是財富和幸運之神，因此吉祥結自然成為吉祥符號，也稱是「喜旋」（nandyavarta），與卍字符號一樣，代表永恆、無限與神祕，象徵大圓滿思想。

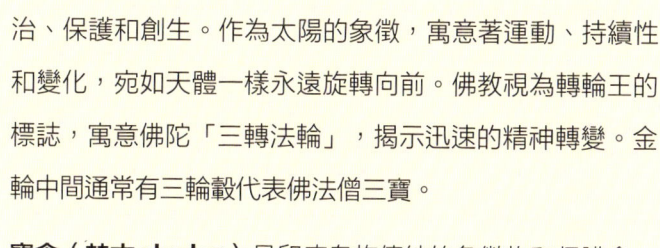

金輪（梵文chakra）早期印度太陽的象徵，意涵有統治、保護和創生。作為太陽的象徵，寓意著運動、持續性和變化，宛如天體一樣永遠旋轉向前。佛教視為轉輪王的標誌，寓意佛陀「三轉法輪」，揭示迅速的精神轉變。金輪中間通常有三輪轂代表佛法僧三寶。

寶傘（梵文chatra）是印度皇族傳統的象徵物和保護傘，傘下陰影使人免受熱帶陽光曝曬之苦，陰涼象徵保護人們免受酷熱之苦，避開一切欲、障、疾病和邪惡力量。寶傘撐在頭部上方，象徵榮譽與尊崇。

金魚（梵文suvarnamatsya）梵文作「雙魚」，暗示其來源為恆河和朱木那河兩大主要聖河，這兩條河代表陰陽脈道，掌控著呼吸的節奏。佛教也以「金魚」代表幸福與自主，因其在水中可自由游泳、隨意接觸，也寓意著不受種姓和地位約束的舒適感；由於繁殖迅速，金魚也代表多子多孫。

寶瓶（梵文nidhana-kumbha）寶瓶是某些財神的象徵，其中有寶藏神、多聞天王和增祿天母。寶瓶不斷噴出珠寶，作為神瓶，它有自動示現的功能，無論從瓶中取走多少珍寶，瓶內永遠都珠寶滿溢。

妙蓮（梵文Padma）出汙泥而不染的蓮花是表示純淨和斷滅的一個主要佛教象徵。它代表一切活動的鼎盛階段，而進行這些活動是為了避免墮入輪迴之錯誤。

八吉祥資料參考《藏傳佛教象徵符號與器物圖解》中國藏學出版社

千手千眼觀音聖像

千手千眼觀世音菩薩

　　中尊的「千手千眼菩薩」，屬於寧瑪巴噶陀傳承「龍薩伏藏」中的「耳傳大悲觀音」所示現的千手觀音相貌，以無量的悲心願力聞名。

　　千手千眼觀世音菩薩的流傳，主要依據《千手千眼觀世音菩薩廣大圓滿無礙大悲心陀羅尼經》。經中，佛告總持王菩薩言：「善男子！汝等當知，今此會中，有一菩薩摩訶薩，名曰『觀世音自在』。從無量劫來，成就大慈大悲，善能修習無量陀羅尼門，為欲安樂諸眾生故，密放如是大神通力。」

　　觀世音菩薩白佛言，因修持〈廣大圓滿無礙大悲心陀羅尼〉，簡稱〈大悲咒〉而成就無量救度眾生功德神力：「世尊！我念過去無量億劫，有佛出世，名曰『千光王靜住如來』。彼佛世尊憐念我故，及為一切諸眾生故，說此『廣大圓滿無礙大悲心陀羅尼』。以金色手摩我頂上作如是言：『善男子！汝當持此心呪，普為未來惡世一切眾生，作大利樂。』「我於是時，始住初地，一聞此呪故，超第八地。我時心歡喜故，即發誓言：『若我當來，堪能利益、安樂一切眾生者，令我即時，身生千手、千眼具足。』」

　　又說，「世尊！我有大悲心陀羅尼呪，今當欲說。為諸眾生得安樂故，除一切病故，得壽命故，得富饒故，滅除一切惡業、重罪故，離障難故，增長一切白法諸功德故，成就一切諸善根故，遠離一切諸怖畏故，速能滿足一切諸希求故。惟願世尊，慈哀聽許！」

文殊菩薩

文殊師利（梵文Mañjuśrī）菩薩，譯為「妙吉祥」，「妙」是從能所的粗惡中平息，「吉祥」是具足無二智慧，代表圓滿福德、智慧二資糧，在諸大菩薩中智慧第一，曾經是七佛的老師，又有「法王子」的稱號。身黃紅色，如旭日初昇，頭戴珍寶冠，右手握持斬斷一切無明煩惱的「智慧劍」，左手拈持象徵慈悲的「蓮花」，蓮花上安置象徵智慧的「般若經」瑪哈維。

金剛手菩薩

金剛手（梵文Vajrapāṇi）諸佛菩薩的威神力的具相顯現，又因其向毘盧遮那佛（報身佛）請授祕密法，又稱「祕密主」，祂也是八大菩薩中的「大勢至菩薩」。金剛手菩薩通身藍黑色，一面二臂，三目圓睜，鬚髮如焰向上，怒面威猛，右手舉持金剛杵，左手當胸結施念怒印。

瑪哈嘎啦

瑪哈嘎拉（梵文Mahākāla），「瑪哈」意「大」，「嘎拉」是「黑色」，譯為「大黑天」。此尊「六臂瑪哈嘎拉」是佛菩薩慈悲為利益眾生、護持正法而示現忿怒應化，依據密法各傳承而有不同教授。

瑪哈嘎拉常見的有二臂、四臂和六臂，身色有黑、白色之分。三怒目圓睜，張口露獠牙，鬚髮如焰、向上燃燒，頂戴象徵五佛本質的「五骷髏冠」，前二臂雙手交叉當胸，右手持鉞刀，左手托持盛滿鮮血的「嘎巴拉」，鮮血代表輪迴貪欲，其餘四手分別持顱骨念珠、小鼓、金剛罥索、三叉戟等，腳踏象徵妖魔障礙的「象鼻天」（毘奈夜迦）。

華嚴地宮

　　金佛聖殿地宮正中，安奉一座以實體1：50縮版的「婆羅浮屠」，這一座縮版「婆羅浮屠」長寬3.4公尺，深度1.64公尺，重達1.5噸，紅銅鑄造，精細程度如實重現古蹟實景，作為金佛殿的鎮殿寶塔。

複製「婆羅浮屠」

　　「婆羅浮屠」又稱「千佛壇」（印尼語Candi Borobudur），建於8～9世紀「夏連特拉王國」時期，是世界上最大的佛教寺廟，位於印度尼西亞中爪哇省馬吉冷縣，基部尺寸為123公尺乘123公尺，最高點距地面35公尺，由九個堆疊平臺組成，下方六個為方形、上方三個為圓形，頂部中央有一圓頂，整座佛寺有2,672塊浮雕、504尊佛像，中央圓頂周圍環繞著72尊

佛像，每一尊佛分別坐落於鐘型、有孔洞的佛塔內。印尼的「婆羅浮屠」與緬甸的蒲甘塔林、柬埔寨的吳哥窟並列為東南亞最重要的考古遺址，被列為聯合國教科文組織世界遺產。

地宮「婆羅浮屠」與宗博館館藏一式，均由雕塑家林健成製作。當時的館長漢寶德為開館特別規劃了「十大世界宗教代表建築模型」常設展「虛擬聖境」，禮請林健成創作，期間漢寶德不斷與林健成團隊切磋，要求精密複製原則，希望由裡到外擬真重現，於是模型製作工程變成「真正蓋房子」，要克服微型內裝所有科技難題，呈現在針孔相機拍攝下，幾乎與實體無二的視覺標準，歷時近2年，終於2003年7月正式開幕。「虛擬聖境」中佛教代表建物正是「婆羅浮屠」遺跡模型，第二座就裝藏於金佛殿地宮之中。

地宮裝臟千年法寶

地宮這座「婆羅浮屠」可以說得上是一座設計精巧的時空倉，材質特殊，千年不朽，防核輻射，塔內裝藏鍍鈦不銹鋼藏經法寶經版，總計共49冊、2,289片聖典。為了讓這些經典在地宮中得以保存千年以上，選用硬度最大、耐酸蝕效果最好的頂級不銹鋼為素材，並進行鍍鈦處理，讓經版硬度及耐酸蝕的效果強化8到10倍。經過鍍鈦、沖床的加工過程之後，這些金屬經版基本可以達到千年不壞的保存標準，並且為了讓裝臟空間氧化降到最低，更以白蠟「浴經」，一冊冊進行澆灌「封蠟」。這是全臺首創嚴密繁複的封藏作業。

2009年秋天，心道法師特以鈦金屬版銘刻祝文，封藏於婆羅浮屠地宮。心道法師祝文中，以「總本山願景——觀照時代因緣所造之次第法洲，寬廣開甘露門接引普機學佛，成就未來華嚴聖山初基。」為誓，裝臟經函則蘊意著「正法久住、承擔如來家業」的本願。

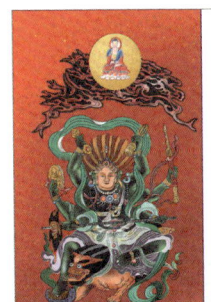

四大天王、八大明王

心道法師將釋迦佛教法攝為「四期教育」作為靈鷲山教育弘法藍圖，三藏聖典經版以「四期教育」總攝為行願，封藏於地宮「婆羅浮屠」——「阿含期」以四部《阿含經》堅固道心；「般若期」以《大般若經》契入正見；「法華期」以《法華經》堅固弘法願力、授記成佛，「華嚴期」以《華嚴經》入法界，誓願住持十方，紹隆佛種，締造華嚴世界。

　　地宮四牆面是名家彩繪的「四大天王」，由觀音菩薩、文殊菩薩、地藏菩薩等八大菩薩，以及八大明王來鎮守地宮；四角供奉4座寶篋印陀羅尼塔鎮守地宮。

　　地宮於2010年封宮並舉行「法華經七永日法會」，從封宮工程圓滿起共修直到圓滿七永日，當時殿內壇城地宮聖物、殿外天幕雲彩，法輪瑞相感應不斷，無以言喻。

圖解婆羅浮屠地宮

婆羅浮屠地宮位於金佛壇城下方,長寬各3.4公尺,深度達1.64公尺。
內牆四面有四大天王、八大明王的石板手工彩繪,
以及銅雕寶篋印陀羅尼塔。
五塊和闐玉石置於地宮四個角落。

❺ 四大天王、八大明王

延請名家繪製象徵風調雨順的四大天王,以及由八大菩薩所衍生出來的八大明王,鎮守地宮。

觀自在菩薩　　地藏菩薩

馬頭金剛明王　西方廣目天王　無能勝金剛明王

虛空藏菩薩　　慈氏菩薩

大笑金剛明王　南方增長天王　大輪金剛明王

3.4公尺
1.64m

寂境

208

除蓋障菩薩　　　　普賢菩薩

不動尊金剛明王　北方多聞天王　步擲金剛明王

金剛手菩薩　　　　妙吉祥菩薩

降三世金剛明王　東方持國天王　大威德金剛明王

3.4 公尺

地板鋪設有奇珍八寶石。

銅雕寶篋印陀羅尼塔置於地宮四邊。

❶ 婆羅浮屠
❷ 銅雕寶篋印陀羅尼塔
❸ 臺灣靈鷲山聖山寺金佛園區金佛聖殿華嚴地宮般若寶塔安臟祝文
❹ 和闐玉石
❺ 四大天王、八大明王

靈鷲山行旅圖鑑

209

圖解婆羅浮屠

以1：50比例鑄造的婆羅浮屠，由雕塑大師林建成老師用紅銅雕刻而成，共72座鐘型舍利塔塔中各有一佛、另有504尊端坐冥思的佛像、1,400多幅佛陀故事浮雕。

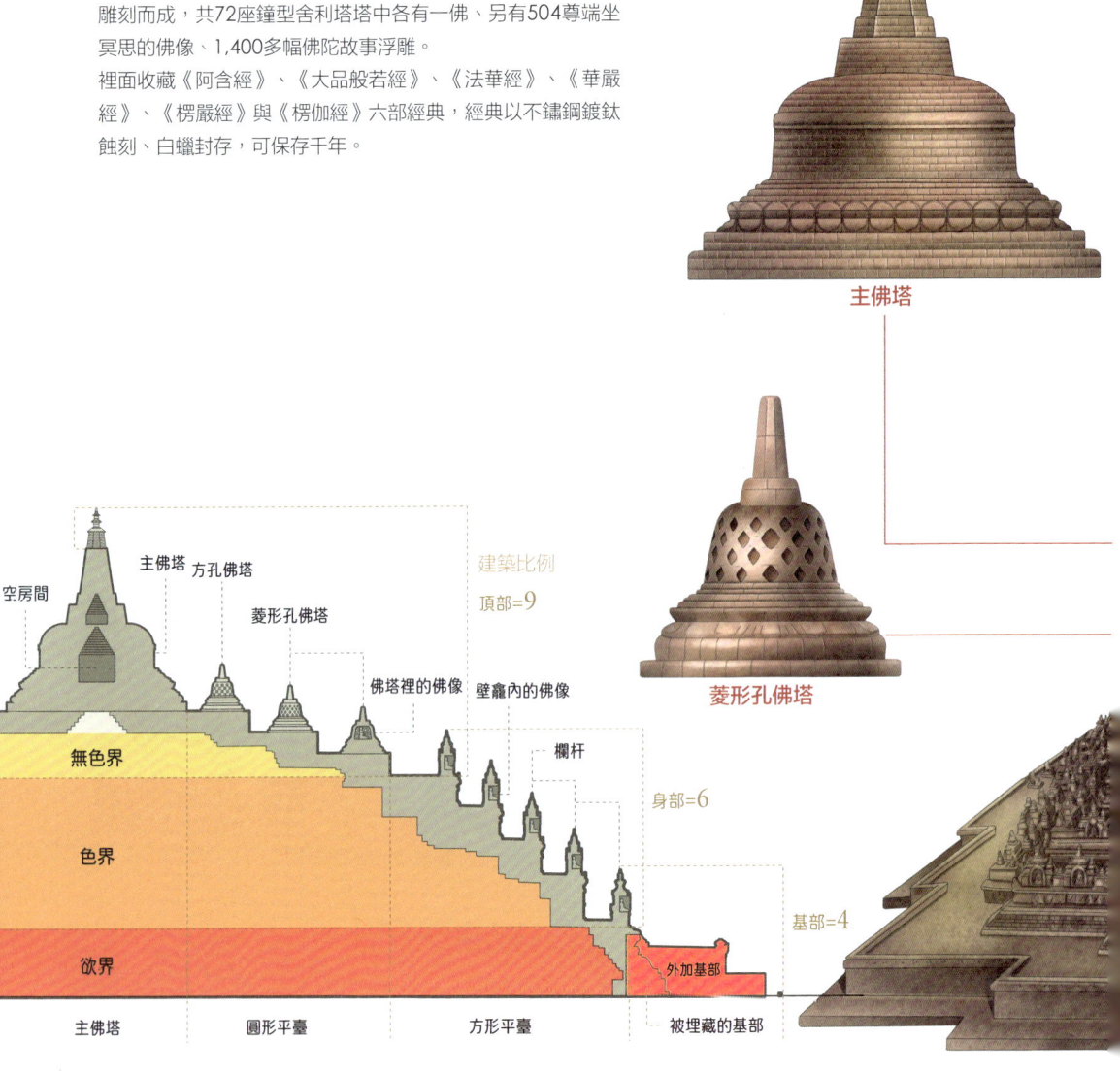

裡面收藏《阿含經》、《大品般若經》、《法華經》、《華嚴經》、《楞嚴經》與《楞伽經》六部經典，經典以不鏽鋼鍍鈦蝕刻、白蠟封存，可保存千年。

主佛塔

菱形孔佛塔

建築比例
頂部＝9
身部＝6
基部＝4

空房間、主佛塔、方孔佛塔、菱形孔佛塔、佛塔裡的佛像、壁龕內的佛像、欄杆、外加基部、被埋藏的基部

主佛塔　圓形平臺　方形平臺

無色界、色界、欲界

■ 欲界 Kāmadhātu　■ 色界 Rūpadhātu　■ 無色界 Arūpadhātu

（婆羅浮屠的剖面及上視圖作者Gunawan Kartapranata／CC BY-SA 3.0）

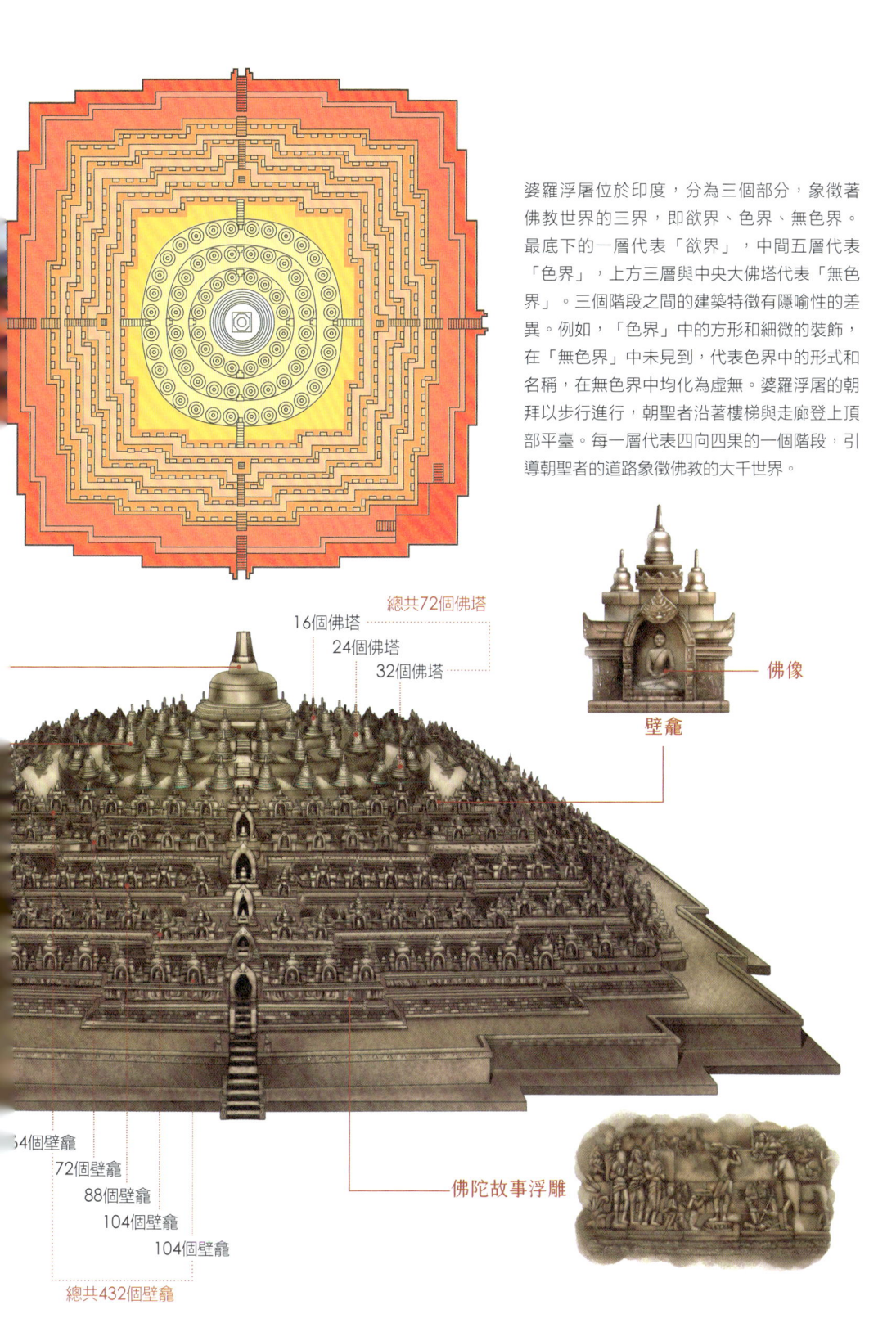

婆羅浮屠位於印度，分為三個部分，象徵著佛教世界的三界，即欲界、色界、無色界。最底下的一層代表「欲界」，中間五層代表「色界」，上方三層與中央大佛塔代表「無色界」。三個階段之間的建築特徵有隱喻性的差異。例如，「色界」中的方形和細微的裝飾，在「無色界」中未見到，代表色界中的形式和名稱，在無色界中均化為虛無。婆羅浮屠的朝拜以步行進行，朝聖者沿著樓梯與走廊登上頂部平臺。每一層代表四向四果的一個階段，引導朝聖者的道路象徵佛教的大千世界。

總共72個佛塔
16個佛塔
24個佛塔
32個佛塔

佛像
壁龕

靈鷲山行旅圖鑑

211

54個壁龕
72個壁龕
88個壁龕
104個壁龕
104個壁龕

總共432個壁龕

佛陀故事浮雕

福城

寂境

212

靈鷲山行旅圖鑑

福城，是一個大家共同創造福氣、成就菩提心、成就佛道，進入發心發願的地方，也是為地方、為世界造福的地方。——心道法師

福隆即福城

靈鷲山總本山，位在新北市，地跨貢寮區福隆里、福連里，全區分為上下院。據地方誌「福隆山」為北臺灣觀音山古道支脈，心道法師以地名緣起相應，將總本山入山第一站的這座指標門庭命名「福城」。

「福城」典故出自於《華嚴經》善財童子五十三參，寓意總本山是眾善聚集的寶地。心道法師說：「華嚴就是把菩提心的種子播在每個來山的有緣眾生的心田裡，讓所有眾生種下成佛的因，連結生生世世的善緣，走上成就正覺之菩薩道。」因此，總本山僧伽從2006年開始，每年年終都要共修二七日，諷誦一部《華嚴經》回向，感恩十方善信的護持。

心道法師心中構思，整座「福城」以「阿含、般若、法華、華嚴——四期教育」展演著「成佛之道」，而每位參觀的行者猶如一顆菩提種子開始萌芽，踏上善財童子追尋善知識一樣的心路，彷彿經歷悉達多太子經歷慕道、求道、證道的旅程。福城外觀呈現以363根「金剛柱」作疊巒、飛鷲的意象造型，圍拱著護掌如含苞蓮臺的金剛座，座上有坐佛、臥佛主尊，龕頂透過「天之眼」，窺望日行月運、斗轉星移、生生不息的蒼穹，行者亦逐漸綻放心光，即入華嚴。

福城與善財童子

　　福城，出自《大方廣佛華嚴經》〈入法界品〉善財童子五十三參的故事：善財童子生於福城，是一位大長者的兒子，出生時就善業福報具足，家中自然湧出許多金銀財寶，因此被稱為善財。文殊菩薩來福城東大塔說法時，善財童子在文殊的指引下，踏上了參訪善知識的求法旅程，從福城往南，歷經百一十城煙水茫茫，一路頂戴善知識、不忘初心，經過無數鍛鍊體驗，最後成等正覺。

　　《大方廣佛華嚴經》〈入法界品〉中，文殊菩薩觀察善財童子，「以何因緣而有其名？」云：「知此童子初入胎時，於其宅內自然而出七寶樓閣，其樓閣下有七伏藏，於其藏上，地自開裂，生七寶芽，所謂：金、銀、瑠璃、玻瓈、真珠、硨磲、碼碯。善財童子處胎十月然後誕生，形體肢分端正具足；其七大藏，縱廣高下各滿七肘，從地涌出，光明照耀。復於宅中自然而有五百寶器，種種諸物自然盈滿……。如是等五百寶器，自然出現。又雨眾寶及諸財物，一切庫藏悉令充滿。以此事故，父母親屬及善相師共呼此兒，名曰：善財。又知此童子，已曾供養過去諸佛，深種善根，信解廣大，常樂親近諸善知識，身、語、意業皆無過失，淨菩薩道，求一切智，成佛法器，其心清淨猶如虛空，回向菩提無所障礙。」

聖堂

　　透天拱形殿堂是福城主聖堂,供奉放光玉佛、多寶臥佛二尊大玉佛。心道法師以「地闊天圓、方圓永續」的理念,仿照石窟,以穹窿頂引天光作大佛龕。二、三樓是演繹「佛陀成佛之道——四期教育」的展示廳,以互動體驗式的文展,引導大家走一趟成佛的心路歷程。

心道法師期許這裡是接引眾緣的福地,引導轉凡入聖的津口,也是推廣「靈性生態」的理念示範區,呼應靈鷲山一直推動的「愛地球、愛和平」運動,以及生命和平教育志業。

福城入口

聖山寺山門，即福城入口，門型有特殊涵義，來自大鵬金翅鳥嘎魯達（garuda）的梵文種子字，心道法師取字義表大鵬金翅鳥，山門意象也與漢朝龍形紋相似，猶如兩隻祥龍相對。福隆地理來到龍門，就進入靈鷲山。

龍紋間三枚徽章，如雙龍含珠。這三枚徽章圖騰，正中一枚靈鷲山的寺徽，另外二枚圖騰是心道法師獲緬甸國家頒贈的獎徽圖案：其一是2006年獲頒「弘揚佛法貢獻卓越獎」，再來是2014年獲頒「上座部大業處阿闍黎禪修最高成就獎」。

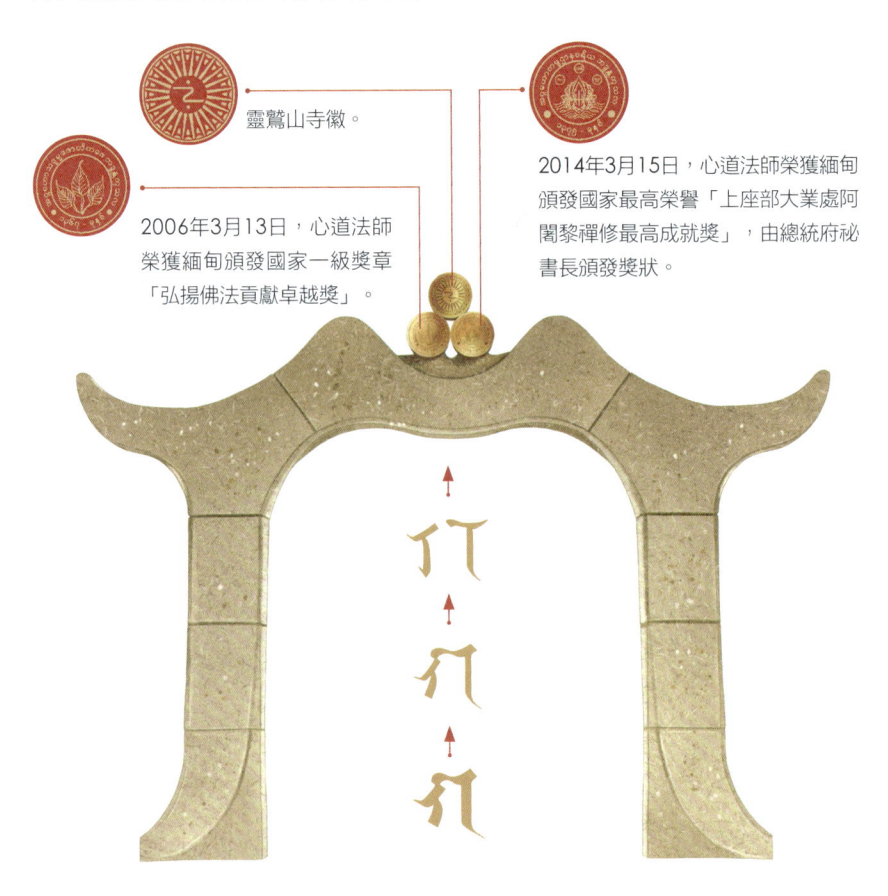

靈鷲山寺徽。

2006年3月13日，心道法師榮獲緬甸頒發國家一級獎章「弘揚佛法貢獻卓越獎」。

2014年3月15日，心道法師榮獲緬甸頒發國家最高榮譽「上座部大業處阿闍黎禪修最高成就獎」，由總統府祕書長頒發獎狀。

靈鷲山識別

LOGO

　　靈鷲山的logo為1990年心道法師與雕家楊英風共同討論創意設計。圓中Z型曲線代表溝通之路，上下兩圓點象徵日、月，Z型曲線分割圓型呈現對稱，代表東西文化交流，也象徵慈悲與智慧、自然與文明的對話；另有一種詮釋：象徵二隻鷲鳥，鳥喙上下相銜，完美合成一個圓，呈現相依共存、生生不息的活力與和諧互動。

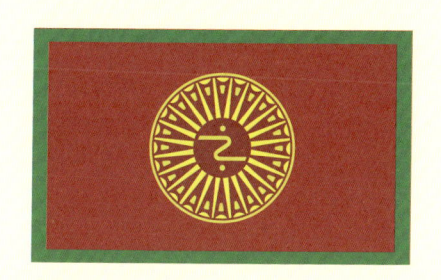

寺旗

　　由心道禪師設計寺旗為誌，以法輪為輻，中心是靈鷲山宗風標誌「慈悲與禪」；輪軸是《發趣論》的24緣；黃色是地，代表禪，即涅槃寂靜；紅色是火，表示菩提心，實踐慈悲喜捨四無量；綠色是愛地球、愛和平，寺旗象徵靈鷲山推動「愛與和平、地球一家」的願景。

鎮殿之多寶佛、放光佛

位於聖堂中央，正面為高達25尺的「放光玉佛」，座佛背對是33尺寬的「多寶臥佛」。這二尊玉佛都出自緬甸織布機神山，玉礦中含藏各種寶石，殊勝稀有。除了有緬甸兩位國寶級雕刻大師「烏威糰」和「烏帖奧」主動前來指導雕刻技術，百位雕刻師皆遵守三規五戒，長期茹素；據傳採石過程亦充滿傳奇，而雕刻過程中有蟒蛇朝禮、蜜蜂結巢等諸多瑞相。今兩尊大佛鎮守福地，為福隆更添盛事。

心道法師說：「所有聖地、聖蹟的建築，是在為我們呈現內心的莊嚴，好讓後世眾生可以在不同的時間、同一空間裡，得到一樣的修行聖境。這是我們為什麼要保護聖蹟、重建聖蹟、興建聖蹟，就是一份饒益後世眾生的使命。」

多寶臥佛

33尺

放光玉佛

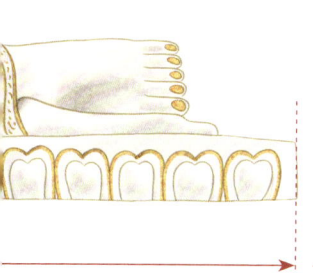

25尺

靈鷲山行旅圖鑑

緣起一場華嚴進行式

發心後記

自2020年8月20日啟動第一場企劃會議，2021年開始在《有緣人》月刊連載二年，並於2023年初稿集結成冊，為了將內容呈現更臻圓滿，繼續增補景點，又經過1年的資料搜集與爬梳，反覆調整與討論，終於定案。

為了探訪這座道場的初心，期待景物典故古今輝映，廣看地景，綜覽歷史，深入探究每一塊拼圖，從一個山洞開始，從

一場斷食苦行緣起，追溯每一處景點建物的前塵網絡，隨著資料耙梳，建物景點還在發展中，企劃定案又翻案，編輯群的心路歷程彷彿歷劫修煉，感恩一路有心道師父加持與指導。

　　本書以導覽為初衷，帶領讀者穿梭時間與空間，跟著宏觀到微觀的鏡頭縮放視角，從荒山野嶺開始，走進心道法師的獨修世界，從求道意志走向開山的歷程，把修道蘭若的自然與人文靈性空間美學，融會一味，涵養出人與人、人與天地自然，共生共修的有機生活，藉由插畫一一分享給大家。

　　這是一場關於心的沉澱與壯遊——緣起之人，執編之人，參訪之人，所共同編織出的珠玉之網，是宇宙，是法界。

聖山導覽圖

多羅觀音道場

文殊道場

天眼門

十一面觀音道場

聞喜堂

開山聖殿

觀音殿

華藏海

大禪堂

寂境

224

百羅漢步道

普賢道場

觀海臺

地藏道場

拱南宮

法華洞

目師殿

阿育王柱

聖山寺金佛殿

福城

東隆宮

福隆車站

靈鷲山行旅圖鑑

225

聖山行旅

福隆車站 — 約10分鐘 — 福城 — 約90分鐘

約3分鐘（公車） — 約10分鐘

朝山： 阿育王柱 — 約90分鐘 — 天眼門 — 約20分鐘 — 多羅

步道朝聖： 天眼門 — 多羅觀音道場 — 天眼門 — 十一面觀音道場

聖殿朝禮： 天眼門 — 聞喜堂 — 華藏海 — 開山聖殿

尋根之旅： 礁溪圓明寺 — 莿仔崙靈山塔 — 龍潭湖畔 — 寂光寺

寂境

226

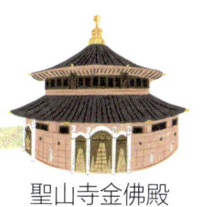

約40分鐘

阿育王柱

約5分鐘

天眼門

接 朝山/步道朝聖/聖殿朝禮

接 步道朝聖/聖殿朝禮

地藏道場　普賢道場

接 聖殿朝禮

祖師殿　法華洞　觀海臺　聖山寺金佛殿

聖山寺金佛殿

靈鷲山行旅圖鑑

227

來到靈鷲山，看山、看海，更貼近自然；
可以是一步一叩首，降伏自心的朝山；
也能在海天一色中禪修，跟自己對話。
用腳，走訪聖地；用心，禮敬諸佛。

寂境
靈鷲山行旅圖鑑

總　監　修	心道法師
策　　　劃	靈鷲山宗務委員會
編輯顧問	呂政達、陳玉峰、陳義芝、曾慶忠、羅智成 （依姓氏筆畫排序）
總　編　輯	波羅密小組
圖文史料	靈鷲山文獻中心
封面題字	心道法師
特約攝影	郭宏東
插畫繪製	黃鈺真
執行編輯	廖桂寧
美術編輯	廖桂寧
發　行　人	周美琴
出版發行	財團法人靈鷲山般若文教基金會附設出版社
地　　　址	23444新北市永和區保生路2號21樓
電　　　話	(02)2232-1008
傳　　　真	(02)2232-1010
網　　　址	www.093books.com.tw
讀者信箱	books@ljm.org.tw
總　經　銷	聯合發行股份有限公司
法律顧問	永然聯合法律事務所
印　　　刷	永光彩色印刷股份有限公司
劃撥帳戶	財團法人靈鷲山般若文教基金會附設出版社
劃撥帳號	18887793
初版一刷	2024年10月
定　　　價	新臺幣680元
Ｉ Ｓ Ｂ Ｎ	978-626-98569-8-5

國家圖書館出版品預行編目（CIP）資料

寂境：靈鷲山行旅圖鑑 / 波羅蜜小組總編輯 .-- 初版 .-- 新北市：財團法人靈鷲山般若文教基金會附設出版社，2024.10
228 面；17X23 公分
ISBN 978-626-98569-8-5（平裝）

1. 靈鷲山佛教教團　2. 佛教團體

220.6　　　　　　　　　　　　　　　113013096

本書若有缺損，請寄回更換
版權所有　翻印必究